音声DL版

聴ける！読める！書ける！話せる！

韓国語
初歩の初歩

3ステップ 基本の単語 ▶ カタコトフレーズ ▶ 基本フレーズ

JN015638

高橋書店

はじめに

近年の韓流ブームのおかげで韓国が身近なものになってきました。好きな俳優ができたり、友人や知り合いができたりした人も多いと思います。そして韓国の言葉に興味を持ち、話してみたい、自分の思いを韓国語で伝えたいと思うようになった人も多いことでしょう。

本書は、韓国語をまったく知らない人でも音声を聴きながら文字を一から覚え、簡単な会話や、自分の思いを伝えることができるように基礎的な内容で構成しました。

文字を覚えた後は、少しずつでも使って話す楽しさを味わえるように、すぐに使える「カタコトフレーズ」を用意しました。また、韓国に行った際にも使えるよう、後半部分では旅行や出張で使う表現を学べるようにしています。

入門・初級者向けの本であるため、難しい応用表現は別の書籍に譲りましたが、独学でも基本フレーズを使って応用できるように、また、長きにわたって学習の助けとなり、中級への橋渡しになるように基本的な文法事項や発音のルールについては、できるだけていねいな解説を心がけました。

しかし、全部は学びきれないと思われたり、文法が難しいと感じられたりする方もいるでしょう。韓国語は日本語を母語とする人にとっては学びやすい言語だといわれますが、やはり外国語ですから、そのように感じても当然だと思います。何もすべて一度に覚えようと無理をしなくてもよいのです。「韓国語を話せるようになりたい」と思った最初の気持ちを大切に、カタコトでも、一言でも韓国語を覚えて、話す楽しさを感じてくださったら、それで十分です。なぜならその気持ちは、必ず学習を続ける気持ちにつながるからです。

本書が一人でも多くの「韓国語を話せるようになりたい」と思われている方の一助となり、末長く使っていただけることを著者として願ってやみません。

中山義幸　啓上

本書の使い方

　本書には日常的な韓国語会話をベースとする単語や簡単なフレーズが、練習しながら覚えていけるように収録されています。音声には、日本語に続いてナチュラルスピードより少しゆっくりめの韓国語が収録されているので、繰り返し聴いて発音をしっかりと身につけてください。

＊カタカナの発音ルビはあくまで参考です。音声を聴いて正しい発音を身につけましょう。

序章　韓国語を学習する前に

ハングルの成り立ちや文章の構造など、韓国語に関する基礎知識をまとめています。

第1章　韓国語の発音とハングルの書き方

ハングルを書きながら、韓国語の母音と子音の発音が勉強できます。韓国語特有の発音の変化についても、基本的なことを簡潔に解説しています。

タイトル
このページで解説する音です。

発音解説
このページで学習する発音とその文字を簡単に解説しています。

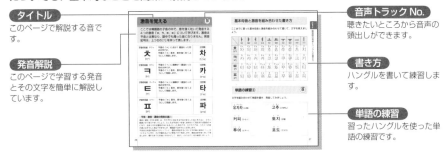

音声トラック No.
聴きたいところから音声の頭出しができます。

書き方
ハングルを書いて練習します。

単語の練習
習ったハングルを使った単語の練習です。

第2章　基本の単語

「食事」「買い物」「観光」など、カテゴリー別に頻出単語を掲載しています。

タイトル
このページで紹介する単語のカテゴリーです。

音声トラック No.

単語
・ 音声を聴きながら書き取り練習ができるようになっています。まずはなぞって書いた後、空欄に自分で書いて、ハングルを覚えましょう。
・ 音声には日本語に続き韓国語が録音されています。続いて読んだり書いたりして練習できるよう、間隔をおいて録音しています。

第3章 カタコトフレーズ

あいさつ、返事、お礼など、そのまま使える基本的なフレーズをまとめています。

タイトル
このページで紹介するフレーズのカテゴリーです。

フレーズ
・第2章と同様の使い方ができるようになっています。
・韓国語のアンダーラインの下は語彙の直訳です。文の構造を理解する参考にしてください。

音声トラック No.

書きとり練習
音声には該当する韓国語が録音されています。音声を聴いてハングルで書いてみましょう。

第4章 基本フレーズ

日常的に使える簡単なフレーズをもとに、1つの課で基本的に1つずつ文法事項を取り上げています。

メインのフレーズ
この課の文法テーマを含んだ表現です。

文法解説
この課で学習する文法事項を簡単に解説しています。

フレーズ
文法テーマに即したよく使う短いフレーズです。

音声トラック No.

おさらい
音声を聴きながら空欄に入るハングルを書いて、正しい文を作る練習ができます。

ミニ会話
・音声を聴きながら会話のやり取りが練習できます。
・「あなた」に該当する韓国語の前に間隔があるので、前の会話に続いて、該当する韓国語を話してみましょう。

第5章 入れ替えフレーズ

旅先などでそのまま使える表現をまとめています。単語を入れ替えたり、空欄を埋めて文章を作る練習ができたりするので、表現の幅が広げられ、着実に覚えられます。

メインのフレーズ
単語を入れ替えたり、空欄を埋めたりして作る基本となるフレーズです。

文法解説
メインのフレーズの簡単な文法解説です。

●●●●●を使った表現／バリエーション単語
メインのフレーズの一部にあてはめて、表現の幅を広げられるようになります。

音声トラック No.

おさらい
音声を聴きながら空欄に入るハングルを書いて、正しい文を作る練習ができます。

聴ける！読める！書ける！話せる！

韓国語 初歩の初歩
目 次

第2章

基本の単語

第3章
カタコトフレーズ

第4章
基本フレーズ

9

第5章

入れ替えフレーズ

序章

韓国語を学習する前に

勉強を始める前に、韓国語とはどういう言語なのか、表記に使うハングルや文章の構造はどうなっているのかを押さえておきましょう。

■■ 韓国語ってどんな言葉？

●韓国語とは

　韓国語は朝鮮半島地域で使われている言語です。朝鮮半島はもともと一つの国でしたが、現在では大韓民国（以下韓国）と朝鮮民主主義人民共和国（以下北朝鮮）に分かれているため、その言語も韓国では「韓国語」、北朝鮮では「朝鮮語（チョソノ）」と呼ばれています。韓国語と朝鮮語とでは、発音や語彙、表現などに多少の違いは見られますが、同じ言語です。日本語に方言があるのと同じと考えればわかりやすいでしょう。本書の文法や発音、綴りなどは多くの学習者が接する韓国語を基準としています。

●韓国語・朝鮮語人口

　韓国語・朝鮮語は朝鮮半島のほかにも中国吉林省延辺朝鮮自治州や日本、中央アジア、サハリン、アメリカ、オーストラリアなど韓国・朝鮮系の人々が暮らしている地域で使われています。人口で見ると韓国で約4800万人、北朝鮮で約2200万人が話しています。中国吉林省延辺朝鮮自治州には約180万人、アメリカには150万人以上、日本にも在日コリアンが70万人以上暮らしています。

　2世、3世の世代になって韓国語ができない人もいますが、世界で7000万人以上が話している使用人口の多い言語の一つです。

●ハングルとは

　韓国語を書き表すときに用いられる文字がハングルで、これは「偉大な文字」という意味です。中国と関係が深かった朝鮮半島では、古来、中国から伝わった漢字を使って自分たちが話す言葉を表していました。しかし、それは誰もが簡単に書き記せる方法ではありませんでした。このことを憂いた朝鮮王朝第4代の国王・世宗（セチョン）が、学者らとともに研究して完成させたのがハングルです。1443年に制定され、1446年に『訓民正音』として公布されました。

　ハングルが公布されてからは、漢字を使わなくても表音文字であるハ

ングルを使って、誰もが自分たちの言葉を書き表せるようになりました。

しかし、漢字がまったく使われなくなったわけではありません。宮廷などでは依然として漢字が正式な文字として使われ、ハングルは男性が使う漢字に対して婦女子が使う文字であるとされた時期がありました。

19世紀末の開化期に入って、民族意識の高まりとともにハングルが見直され、官報や教科書が漢字とハングル交じりで書かれるようになります。さらにすべてハングルで書かれた新聞や書籍も発行されるようになりましたが、1960年代ぐらいまでは漢字とハングルを併用する場合が多く見られました。しかし現在では、たいていハングルだけで事足りるため、ほとんどハングルで表記されています。

안녕　　　안녕　　　안녕

明朝体とゴシック体。韓国語にも色々な書体がある

●日本人には学びやすい言語

朝鮮半島では漢字を使用してきたため、韓国語の語彙は約7割が、「家族（가족）」「地理（지리）」などの漢字語で、そのほかは「ラジオ（라디오）」など外来語に由来する語と固有語です。

現在はほとんどハングルで表記するため、どれが漢字語なのか、すぐにはわからないかもしれませんが、日韓で共通する漢字語も多くあります。漢字表記する際には、旧字体の漢字を用います（本書では学習の助けになるよう、一部の単語に 漢 マークと 外 マークをつけ、漢字語は新字体で表記しています）。

共通する漢字語が多いこと以外にも、下記のように語順が同じであること、助詞が使われること、敬語表現があることなど、日本語と韓国語では多くの共通点があります。そのため韓国語は日本語を母語とする人にはとても学びやすい言語の一つといえるでしょう。

ウォリョイレ	フェサエソ	フェイガ	イッスムニダ
월요일에	**회사에서**	**회의가**	**있습니다.**
月曜日　に	会社　で	会議　が	あります。

■■ ハングルの基本

　ハングルは韓国語の音を表すために作られた表音文字で 10 個の基本母音と 11 個の複合母音、19 個の子音があります。くわしくは第 1 章で学習しますが、その構造についてここで少し触れておきます。

　ハングルはローマ字のように子音と母音の組み合わせで文字が成り立っています。この組み合わせには、①**子音＋母音**と、これにもう一つ子音がついた②**子音＋母音＋子音**の 2 つのタイプがあります。最初に発音する子音を初声、次に発音する母音を中声、最後に発音する子音を終声（パッチム："支えるもの"の意）といいます。

①子音＋母音　　　　　　　　　　　　②子音＋母音＋子音

子音
（初声）
k
母音
（中声）
a

가

[ka]
カ

子音
（初声）
k
母音
（中声）
o

고

[ko]
コ

子音
（初声）
k
母音
（中声）
a
子音
（終声：パッチム）
m

감

[kam]
カム

■■ 韓国語の文体と品詞

●スムニダ体とヘヨ体

　韓国語の文体は、かしこまったていねいな言い方の「スムニダ（−ㅂ니다／−습니다）」体（スムニダ体をハムニダ体としている学習書もあります）と、うちとけた感じでていねいな言い方の「ヘヨ（해요）」体、目下に使うぞんざいな言い方の「ヘ（해）」体に大きく分かれます。本書ではスムニダ体とヘヨ体の文章を扱い、特にヘヨ体を使った会話文を中心に学習していきます。

　韓国語は儒教の影響から日本語以上に敬語の使い分けが厳格です。そのため目上や初対面の人に対しては、スムニダ体ならば「−십니다／−으십니다」、ヘヨ体ならば「−세요／−으세요」というように、尊敬の「−시−」

を含んだ表現にしたほうがよいでしょう。

なお、文章を書くときは、原則として単語ごとに切って書きます。ただし、助詞など前の単語と一緒に発音するものは区切らずに書きます。これを「分かち書き」と言います。

原形：**가다**（行く） 〔カ ダ〕　　原形：**읽다**（読む）〔イク タ〕

⬇　　　　　　　　⬇

◆スムニダ体

例：　**갑니다**〔カム ニ ダ〕　　　**읽습니다**〔イクスム ニ ダ〕
　　行きます　　　　　　　読みます

◆スムニダ体の尊敬表現

例：　**가십니다**〔カ シム ニ ダ〕　　**읽으십니다**〔イル グ シム ニ ダ〕
　　お行きになります　　　ご覧になります

◆ヘヨ体

例：　**가요**〔カ ヨ〕　　　　**읽어요**〔イル ゴ ヨ〕
　　行きます　　　　　　　読みます

◆ヘヨ体の尊敬表現

例：　**가세요**〔カ セ ヨ〕　　　**읽으세요**〔イル グ セ ヨ〕
　　お行きになります　　　ご覧になります

●韓国語の品詞

韓国語の品詞は、日本語と同じように体言（主語となる名詞や代名詞など）と用言（述語となる動詞や形容詞などで語尾をつけて活用するもの）に分けられます。

韓国語の用言の原形（辞書に載っている形）はすべて「語幹＋**다**」の形をしています。原形から「**다**」を取った形（語幹）にし、その後ろに語尾や接尾辞（語の末尾に添えて意味を付加するもの、日本語の場合「深さ」「親しさ」の「さ」「しさ」などの部分）をつけて活用することで「時制」や「ていねいさ」「意志」など、様々なことを表します。

●用言の活用例

語幹	語尾

「行く」 가^カ다^ダ（原形）⇒ 가^カ + 다^ダ

→「行きます」（現在形） : 가요^{カ ヨ}

→「行きました」（過去形）: 갔어요^{カッ ソ ヨ}

　また、韓国語の用言には先に挙げた動詞・形容詞のほかに、日本語と異なるものとして「～だ、～でない」を表す指定詞（P94 参照）とモノの存在を表す存在詞（P106 参照）があるので覚えておきましょう。

●母音やパッチムで異なる接続

　韓国語は用言に語尾をつけて活用する際、語幹の最後の母音の種類（ㅏ^ア, ㅑ^ヤ, ㅗ^オであるか、それ以外か）やパッチムの有無によってその接続のしかたが異なります。そのため本書では韓国語の用言を以下の３種類に分けて説明しています。活用する用言の語幹の最後の母音が何であるか、３種類のどの用言に当たるのかをしっかりと把握することは、学習を進めていくうえで重要なポイントです。学習していて迷った際には、この点に注意して考えてみましょう。

母音語幹用言 : 語幹末にパッチムのない用言

子音語幹用言 : 語幹末にパッチムのある用言

ㄹ語幹用言 : 子音語幹用言の中でも語幹末のパッチムがㄹの用言

＊学習書によっては「ㅏ^ア, ㅑ^ヤ, ㅗ^オ」を陽母音、それ以外を陰母音として説明しているものもあります。

第 **1** 章

韓国語の発音とハングルの書き方

ハングルの母音、子音の平音・激音・濃音について一つずつ学びます。話すときに必要な発音の変化についても覚えていきます。

基本母音を覚える

韓国語には 21 個の母音（基本母音 10 個＋複合母音 11 個）と 19 個の子音があり、それらをローマ字のように組み合わせて一つの文字を表記します。
ここではまず、10 個の基本母音「ㅏ, ㅑ, ㅓ, ㅕ, ㅗ, ㅛ, ㅜ, ㅠ, ㅡ, ㅣ」を学びます。表記するときは、無音の子音「ㅇ」と組み合わせて書きます。

아 ア [a]		日本語の「ア」とほぼ同じ音。口を大きく開けて、明るく「ア」と発音します。
야 ヤ [ja]		**아** [a] に横棒が 1 画加わった形の文字です。日本語の「ヤ」とほぼ同じ音ですが、口を大きく開けて明るく「ヤ」と発音します。 なお、ヤ・ヨ・ユなど y を含んだ音を発音記号で表す場合は、[j] を使います。
어 オ [ɔ]		「아」を発音するときのように口を大きく開けて「オ」と発音します。 口を開けて発音するので明るい音色の「オ」になります。
여 ヨ [jɔ]		**어** [ɔ] に横棒が 1 画加わった形の文字です。「아」と発音するときのように口を大きく開けて「ヨ」と発音します。明るい音色の「ヨ」です。

오	オ [o]	

口を丸くすぼめ、突き出すようにして「オ」と発音します。口をすぼめているので、こもった音色の「オ」になります。口を開いて発音する어 [ɔ] とは区別されるので、注意して発音しましょう。

요	ヨ [jo]	

오 [o] に縦棒が1画加わった形の文字です。口を丸くすぼめ、突き出すようにして「ヨ」と発音します。こもった音色の「ヨ」になります。
口を開いて発音する여 [jɔ] とは区別されるので、注意して発音しましょう。

우	ウ [u]	

口を丸くすぼめ、突き出すようにして「ウ」と発音します。
こもった音色の「ウ」になります。

유	ユ [ju]	

우 [u] に、縦棒が1画加わった形の文字です。口を丸くすぼめ、突き出すようにして「ユ」と発音します。
こもった音色の「ユ」になります。

으	ウ [ɯ]	

日本語の「イ」を発音するときと同じように、口角を左右に引くようにして「ウ」と発音します。
口を丸くすぼめて突き出すようにして発音する우 [u] とは区別されるので、注意して発音しましょう。

이	イ [i]	

日本語の「イ」とほぼ同じ音ですが、口角を左右にしっかりと引いて、はっきりと「イ」と発音します。

基本母音の書き方

習った基本母音を書いて、文字を覚えましょう。

아 ア [a]	아	아	아			
야 ヤ [ja]	야	야	야			
어 オ [ɔ]	어	어	어			
여 ヨ [jɔ]	여	여	여			
오 オ [o]	오	오	오			
요 ヨ [jo]	요	요	요			
우 ウ [u]	우	우	우			
유 ユ [ju]	유	유	유			
으 ウ [ɯ]	으	으	으			
이 イ [i]	이	이	이			

単語の練習①

基本母音を組み合わせるだけでも、次のような単語ができます。書いて発音してみましょう。

イ
이 （歯）

이			

ア イ
아이 （子供）

아	이		

ヨ ウ
여우 （キツネ）

여	우		

オ イ
오이 （きゅうり）

오	이		

ウ ユ
우유 （牛乳）

우	유		

ユ ア
유아 （乳児）

유	아		

イ ユ
이유 （理由）

이	유		

基本子音を覚える

韓国語には 19 個の子音があります。その内訳は、普通に息を吐く平音が 10 個、息を強く吐く激音が 4 個、つまった音を出す濃音が 5 個です。

ここでは基本子音といわれる平音の 10 個「ㄱ, ㄴ, ㄷ, ㄹ, ㅁ, ㅂ, ㅅ, ㅇ, ㅈ, ㅎ」を学習します（子音は基本母音の「ㅏ」をつけて練習していきます）。

子音の名前　キヨㇰ	日本語の「カ行」に近い発音です。語中では濁って「ガ行」になります。	文字例
ㄱ [k/g]		가 カ　ガ [ka/ga]
子音の名前　ニウン	日本語の「ナ行」に近い音です。	文字例
ㄴ [n]		나 ナ [na]
子音の名前　ティグッ	日本語の「タ行」に近い発音です。語中では濁って「ダ行」になります。	文字例
ㄷ [t/d]		다 タ　ダ [ta/da]
子音の名前　リウル	日本語の「ラ行」に近い発音です。33 ～ 34 ページで解説するパッチムのときは [ℓ] の音になります。	文字例
ㄹ [r/ℓ]		라 ラ [ra]

子音の名前　ミウム **ㅁ** [m]	日本語の「マ行」に近い発音です。	文字例 **마** マ [ma]
子音の名前　ピウプ **ㅂ** [p/b]	日本語の「パ行」に近い発音です。 語中では濁って「バ行」になります。	文字例 **바** パ　バ [pa/ba]
子音の名前　シオッ **ㅅ** [s/ʃ]	日本語の「サ行」に近い発音です。 語中でも濁音になることはないので 注意しましょう。	文字例 **사** サ [sa]
子音の名前　イウン **ㅇ** [無音 /ŋ]	無音の子音で、母音と組み合わせてその文字が母音であることを表し、母音を発音します（基本母音を参照）。33〜34ページで解説するパッチムのときは [ŋ] の音になります。	文字例 **아** ア [a]
子音の名前　チウッ **ㅈ** [tʃ/dʒ]	日本語の「チャ行」に近い発音です。 語中では濁って「ヂャ行」になります。	文字例 **자** チャ　ヂャ [tʃa/dʒa]
子音の名前　ヒウッ **ㅎ** [h]	日本語の「ハ行」に近い発音です。 語中でも濁音になることはないので 注意しましょう。	文字例 **하** ハ [ha]

基本母音と基本子音を組み合わせた書き方

ここまでに習った基本母音と基本子音を組み合わせて書いて、文字を覚えましょう。

	├ [a]	├ [ja]	┤ [ɔ]	╡ [jɔ]	⊥ [o]	⊥⊥ [jo]	┬ [u]	┬┬ [ju]	─ [ɯ]	│ [i]
ㄱ [k/g]	カ 가	キャ 갸	コ 거	キョ 겨	コ 고	キョ 교	ク 구	キュ 규	ク 그	キ 기
ㄴ [n]	ナ 나	ニャ 냐	ノ 너	ニョ 녀	ノ 노	ニョ 뇨	ヌ 누	ニュ 뉴	ヌ 느	ニ 니
ㄷ [t/d]	タ 다	ティャ 댜	ト 더	ティョ 뎌	ト 도	ティョ 됴	トゥ 두	ティュ 듀	トゥ 드	ティ 디
ㄹ [r/ℓ]	ラ 라	リャ 랴	ロ 러	リョ 려	ロ 로	リョ 료	ル 루	リュ 류	ル 르	リ 리
ㅁ [m]	マ 마	ミャ 먀	モ 머	ミョ 며	モ 모	ミョ 묘	ム 무	ミュ 뮤	ム 므	ミ 미
ㅂ [p/b]	バ 바	ピャ 뱌	ポ 버	ピョ 벼	ポ 보	ピョ 뵤	ブ 부	ピュ 뷰	ブ 브	ピ 비
ㅅ [s/ʃ]	サ 사	シャ 샤	ソ 서	ショ 셔	ソ 소	ショ 쇼	ス 수	シュ 슈	ス 스	シ 시
ㅇ [無音/ŋ]	ア 아	ヤ 야	オ 어	ヨ 여	オ 오	ヨ 요	ウ 우	ユ 유	ウ 으	イ 이
ㅈ [tʃ/dʒ]	チャ 자	チャ 쟈	チョ 저	チョ 져	チョ 조	チョ 죠	チュ 주	チュ 쥬	チュ 즈	チ 지
ㅎ [h]	ハ 하	ヒャ 햐	ホ 허	ヒョ 혀	ホ 호	ヒョ 효	フ 후	ヒュ 휴	フ 흐	ヒ 히

単語の練習②

文字を組み合わせて単語を書いて、発音してみましょう。

カ ス
가수 (歌手)

ク ドゥ
구두 (靴)

ナ ラ
나라 (国)

ヌ ナ
누나 (姉)
[弟から見た]

タ リ
다리 (脚)

ト グ
도구 (道具)

ラ ディ オ
라디오 (ラジオ)

モ リ
머리 (頭)

モ ヂャ
모자 (帽子)

パ ダ
바다 (海)

パ ヂ
바지 (ズボン)

ピ ヌ
비누 (石鹸)

サ ゴ
사고 (思考)

ソ リュ
서류 (書類)

チャ ギ
자기 (自己)

チ グ
지구 (地球)

ハ ル
하루 (一日)

ホ ガ
허가 (許可)

激音を覚える

ここでは韓国語の子音の中で、息を強く吐いて発音する4つの激音「ㅊ, ㅋ, ㅌ, ㅍ」について学びます。激音は平音とは異なり、語中でも濁った音になりません。発音記号は、上つきの [ʰ] を伴って表します。

子音の名前　チウッ	平音の「ㅈ」に点が1画加わった形の文字です。	文字例
ㅊ [t∫ʰ]	平音の「ㅈ」音を、息を強く吐くようにして発音します。	**차** チャ [t∫ʰa]
子音の名前　キウゥ	平音の「ㄱ」に横棒が1画加わった形の文字です。	文字例
ㅋ [kʰ]	平音の「ㄱ」音を、息を強く吐くようにして発音します。	**카** カ [kʰa]
子音の名前　ティウッ	平音の「ㄷ」に横棒が1画加わった形の文字です。	文字例
ㅌ [tʰ]	平音の「ㄷ」音を、息を強く吐くようにして発音します。	**타** タ [tʰa]
子音の名前　ピウプ	平音の「ㅂ」音を、息を強く吐くようにして発音します。	文字例
ㅍ [pʰ]		**파** パ [pʰa]

平音・激音・濃音の発音の違い

激音と濃音（P28参照）は、それぞれに対応する平音が変化した音と考えると、文字と関連させて覚えやすいでしょう。たとえば平音のㄱを強く息を吐いて発音すれば激音のㅋになり、詰まらせれば濃音のㄲになるといった具合です。カタカナでは、この3つの音の違いはきちんと表記できませんが、韓国語ではきちんと区別します。

平音は日本語の発音より少しソフトに、濃音は発音するときに文字の前に促音の「っ」がついたように考え、のどを締めるように緊張させて発音します。激音は息を強く吐いて発音します。慣れるまで口の前に手をかざして、息がしっかり出ているか確認しましょう。

基本母音と激音を組み合わせた書き方

ここまでに習った基本母音と激音を組み合わせて書いて、文字を覚えましょう。

	ㅏ [a]	ㅑ [ja]	ㅓ [ɔ]	ㅕ [jɔ]	ㅗ [o]	ㅛ [jo]	ㅜ [u]	ㅠ [ju]	ㅡ [ɯ]	ㅣ [i]
ㅊ [tʃʰ]	チャ 차	チャ 챠	チョ 처	チョ 쳐	チョ 초	チョ 쵸	チュ 추	チュ 츄	チュ 츠	チ 치
ㅋ [kʰ]	カ 카	キャ 캬	コ 커	キョ 켜	コ 코	キョ 쿄	ク 쿠	キュ 큐	ク 크	キ 키
ㅌ [tʰ]	タ 타	ティャ 탸	ト 터	ティョ 텨	ト 토	ティョ 툐	トゥ 투	ティュ 튜	トゥ 트	ティ 티
ㅍ [pʰ]	パ 파	ピャ 퍄	ポ 퍼	ピョ 펴	ポ 포	ピョ 표	プ 푸	ピュ 퓨	プ 프	ピ 피

単語の練習③

文字を組み合わせて単語を書き、発音してみましょう。

ユ ヂャチャ
유자차 (ユズ茶)

コ チュ
고추 (とうがらし)

コ ピ
커피 (コーヒー)

ト ヂ
토지 (土地)

トゥ オ
투어 (ツアー)

ポ ド
포도 (ブドウ)

濃音を覚える

韓国語の子音の中で、5つの濃音「ㄲ, ㄸ, ㅃ, ㅆ, ㅉ」について学びます。濃音とは日本語の促音の「っ」を発音した後のように詰まった音のことです。これも激音と同じように語中でも濁った音になりません。発音記号では、上つきの [ʔ] を伴って表します。

子音の名前　サンギヨㄱ	平音の「ㄱ」を2つ並べた形の文字です。「すっかり」の「か」のように詰まった「ㄱ」の音です。	文字例
ㄲ [ʔk]		**까** カ [ʔka]
子音の名前　サンディグッ	平音の「ㄷ」を2つ並べた形の文字です。「やった」の「た」のように詰まった「ㄷ」の音です。	文字例
ㄸ [ʔt]		**따** タ [ʔta]
子音の名前　サンビウ프	平音の「ㅂ」を2つ並べた形の文字です。「ラッパ」の「パ」のように詰まった「ㅂ」の音です。	文字例
ㅃ [ʔp]		**빠** パ [ʔpa]
子音の名前　サンシオッ	平音の「ㅅ」を2つ並べた形の文字です。「あっさり」の「さ」のように詰まった「ㅅ」の音です。	文字例
ㅆ [ʔs/ʔʃ]		**싸** サ [ʔsa]
子音の名前　サンヂウッ	平音の「ㅈ」を2つ並べた形の文字です。「まっちゃ」の「ち」のように詰まった「ㅈ」の音です。	文字例
ㅉ [ʔtʃ]		**짜** チャ [ʔtʃa]

＊本書では語中で濃音として発せられる音には、基本的に「ッ」をつけています。

基本母音と濃音を組み合わせた書き方

ここまでに習った基本母音と濃音を組み合わせて書き、文字を覚えましょう。

	ㅏ [a]	ㅑ [ja]	ㅓ [ɔ]	ㅕ [jɔ]	ㅗ [o]	ㅛ [jo]	ㅜ [u]	ㅠ [ju]	ㅡ [ɯ]	ㅣ [i]
ㄲ [ʔk]	カ 까	キャ 꺄	コ 꺼	キョ 껴	コ 꼬	キョ 꾜	ク 꾸	キュ 뀨	ク 끄	キ 끼
ㄸ [ʔt]	タ 따	ティャ 땨	ト 떠	ティョ 뗘	ト 또	ティョ 뚀	トゥ 뚜	ティユ 뜌	トゥ 뜨	ティ 띠
ㅃ [ʔp]	パ 빠	ピャ 뺘	ポ 뻐	ピョ 뼈	ポ 뽀	ピョ 뾰	プ 뿌	ピュ 쀼	プ 쁘	ピ 삐
ㅆ [ʔs/ʔʃ]	サ 싸	シャ 쌰	ソ 써	ショ 쎠	ソ 쏘	ショ 쑈	ス 쑤	シュ 쓔	ス 쓰	シ 씨
ㅉ [ʔtʃ]	チャ 짜	チャ 쨔	チョ 쩌	チョ 쪄	チョ 쪼	チョ 쬬	チュ 쭈	チュ 쮸	チュ 쯔	チ 찌

単語の練習④

文字を組み合わせて単語を書き、発音してみましょう。

カ チ
까치 (カササギ)

アッ パ
아빠 (お父ちゃん)

サ ダ
싸다 (包む)

チャ ダ
짜다 (塩辛い)

複合母音を覚える

ここまでで基本の母音と子音について学んできました。ここでは 2 つ以上の基本母音が組み合わさった母音である 11 個の複合母音「ㅐ, ㅒ, ㅔ, ㅖ, ㅘ, ㅙ, ㅚ, ㅝ, ㅞ, ㅟ, ㅢ」について学びます。表記するときは、それが母音であることを表す無音の子音「ㅇ」と組み合わせて書きます。

애	エ [ɛ]	ㅏ + ㅣ	母音ㅏ[a] と母音ㅣ[i] が合わさった複合母音です。 日本語の「エ」より少し口を大きく開けて発音します*1。
얘	イェ [jɛ]	ㅑ + ㅣ	母音ㅑ[ja] と母音ㅣ[i] が合わさった複合母音です。 口を大きく開けて明るく「イェ」と発音します。
에	エ [e]	ㅓ + ㅣ	母音ㅓ[ɔ] と母音ㅣ[i] が合わさった複合母音です。 日本語の「エ」と同じように発音します。 애[ɛ] よりも少し口を狭めて発音します*1。
예	イェ [je]	ㅕ + ㅣ	母音ㅕ[jɔ] と母音ㅣ[i] が合わさった複合母音です。 日本語の「イェ」と同じように発音します*2。
와	ワ [wa]	ㅗ + ㅏ	母音ㅗ[o] と母音ㅏ[a] が合わさった複合母音です。 日本語の「ワ」と同じように発音します。

왜	ウェ [wɛ]	ㅗ + ㅐ	母音ㅗ[o]と母音ㅐ[ɛ]が合わさった複合母音です。 口をしっかり開いて「ウェ」と発音します*3。
외	ウェ [we]	ㅗ + ㅣ	母音ㅗ[o]と母音ㅣ[i]が合わさった複合母音です。 母音のㅗ[o]の音が元になっているので、口を丸くすぼめ、やや突き出して「ウェ」と発音します*3。
워	ウォ [wɔ]	ㅜ + ㅓ	母音ㅜ[u]と母音ㅓ[ɔ]が合わさった複合母音です。 日本語の「ウォ」と同じように発音します。
웨	ウェ [we]	ㅜ + ㅔ	母音ㅜ[u]と母音ㅔ[e]が合わさった複合母音です。 日本語の「ウェ」と同じように発音します*3。
위	ウィ [wi]	ㅜ + ㅣ	母音ㅜ[u]と母音ㅣ[i]が合わさった複合母音です。 母音のㅜ[u]の音が元になっているので、口を丸くすぼめ、やや突き出して「ウィ」と発音します。
의	ウイ [ɰi]	ㅡ + ㅣ	母音ㅡ[ɯ]と母音ㅣ[i]が合わさった複合母音です。母音ㅡ[ɯ]の音が元になっているので、口角を左右に引くようにして「ウイ」と発音します。위[wi]とは、はっきりと区別して発音するよう注意しましょう*4。

＊1　애[ɛ]とエ[e]は本来、それぞれ区別して発音していましたが、現在ではほとんど区別せず[e]と発音しています。
＊2　예[je]は、母音の場合のみ[je]と発音し、子音と組み合わさった場合には[e]と発音します。
　　例：예고（予告）　시계（時計）
＊3　왜[wɛ]、외[we]、웨[we]も本来は区別していましたが、現在ではほとんど区別せず[we]と発音しています。
＊4　의[ɰi]は、単語の頭にきたときは의[ɰi]と発音しますが、それ以外は[i]と発音してかまいません。また助詞「～の」として使われるときは、[e]と発音します。
　　例：의사（医者）　회의（会議）　어머니의 구두（母の靴）

複合母音と基本子音を組み合わせた書き方

複合母音と子音を組み合わせて書いて、文字を覚えましょう。

ここでは平音の子音との組み合わせだけ練習しますが、激音・濃音との組み合わせもあります。35 ページからの反切表を見て覚えましょう。

	ㅐ[ε]	ㅒ[jε]	ㅔ[e]	ㅖ[je]	ㅘ[wa]	ㅙ[wε]	ㅚ[we]	ㅝ[wɔ]	ㅞ[we]	ㅟ[wi]	ㅢ[ɯi]
ㄱ [k/g]	ケ 개	ケ 걔	ケ 게	ケ 계	クヮ 과	クェ 괘	クェ 괴	クォ 궈	クェ 궤	クィ 귀	キ 긔
ㄴ [n]	ネ 내	ネ 냬	ネ 네	ネ 녜	ヌヮ 놔	—	ヌェ 뇌	ヌォ 눠	ヌェ 눼	ヌィ 뉘	ニ 늬
ㄷ [t/d]	テ 대	—	テ 데	テ 뎨	トゥヮ 돠	トゥェ 돼	トゥェ 되	トゥォ 둬	トゥェ 뒈	トゥィ 뒤	ティ 듸
ㄹ [r/l]	レ 래	—	レ 레	レ 례	ルヮ 롸	—	ルェ 뢰	ルォ 뤄	ルェ 뤠	ルィ 뤼	—
ㅁ [m]	メ 매	—	メ 메	メ 몌	ムヮ 뫄	—	ムェ 뫼	ムォ 뭐	ムェ 뭬	ムィ 뮈	—
ㅂ [p/b]	ベ 배	—	ベ 베	ベ 볘	ブヮ 봐	プェ 봬	プェ 뵈	プォ 붜	プェ 붸	プィ 뷔	—
ㅅ [s/ʃ]	セ 새	シェ 섀	セ 세	シェ 셰	スヮ 솨	スェ 쇄	スェ 쇠	スォ 숴	スェ 쉐	シュィ 쉬	—
ㅇ [無音/(ŋ)]	エ 애	イェ 얘	エ 에	イェ 예	ワ 와	ウェ 왜	ウェ 외	ウォ 워	ウェ 웨	ウィ 위	ウイ 의
ㅈ [tʃ/dʒ]	チェ 재	チェ 쟤	チェ 제	チェ 졔	チュヮ 좌	チュェ 좨	チュェ 죄	チュォ 줘	チュェ 줴	チュィ 쥐	—
ㅎ [h]	ヘ 해	—	ヘ 혜	ヘ 혜	フヮ 화	フェ 홰	フェ 회	フォ 훠	フェ 훼	フィ 휘	ヒ 희

＊空欄に入る文字は、理論上は存在しますが実際には使われません。

単語の練習⑤

文字を組み合わせて単語を書き、発音してみましょう。

トゥェ ヂ
돼지 (豚)

モ レ
모레 (明後日)

サ フェ
사회 (社会)

ウィ フェ
의회 (議会)

パッチムを覚える

ここまで学習してきたのは ㄱ[k] ＋ ㅏ[a] のように「子音＋母音」の組み合わせで、母音で終わる形の文字でした。ここでは「子音＋母音＋子音」という、子音で終わる形の文字と発音について学びます。この最後にくる子音をパッチム（"支えるもの"の意）といいます。

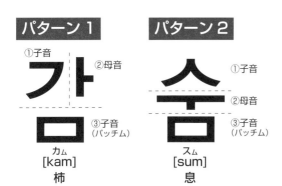

パターン1
①子音
②母音
③子音（パッチム）
カム
[kam]
柿

パターン2
①子音
②母音
③子音（パッチム）
スム
[sum]
息

パターン1は、横に子音＋母音が並ぶタイプの文字にパッチムがついた形です。文字例は「가」にパッチムとして子音の「ㅁ」がついた文字です。

パターン2は、縦に子音＋母音が並ぶタイプの文字にパッチムがついた形です。文字例は「수」にパッチムとして子音の「ㅁ」がついた文字です。

パッチムの種類と発音

パッチムとなる子音には、これまで学んできた基本子音のほかにも下記の表に示したような子音もありますが、実際には7通りの発音になります。ただ、そこで注意が必要なのは子音の「ㅅ [s]、ㅆ [ˀs]、ㅈ [tʃ]、ㅊ [tʃʰ]、ㅌ [tʰ]、ㅎ [h]」です。これらはパッチムになったときには [t] の音として発音するので注意しましょう。

パッチムの表の中で「ㄳ」のように2つの子音が組み合わさったものを二重パッチムといいます。このパッチムのどちらを読むかは、表で示したように基本的に決まっていますが、後ろにくる文字によって両方読む場合*1 や例外*2 もあるので、少しずつ慣れていきましょう。

発音	カタカナ表記	パッチムの形
ㄱ [k]	ク	ㄱ ㅋ ㄲ ㄳ ㄺ
ㄷ [t]	ッ	ㄷ ㅌ ㅅ ㅆ ㅈ ㅊ ㅎ
ㅂ [p]	プ	ㅂ ㅍ ㅄ ㄻ ㄿ
ㄹ [ℓ]	ル	ㄹ ㄼ ㄽ ㄾ ㅀ
ㅁ [m]	ム	ㅁ ㄻ
ㄴ [n]	ン	ㄴ ㄵ ㄶ
ㅇ [ŋ]	ン	ㅇ

*1 젊은이（若者）[チョルムニ] などがこれに当たります。
*2 「ㄼ」は通常、[ℓ] の音を読みますが、밟다（踏む）だけは例外的に [p] の音を読み [パプタ] となります。

●パッチムの発音のコツ

ㄱ	ク [k]	「ハッカ [hakka]」と言おうとして「ハッ [hak]」と途中で止めたときの音です。発音したときに舌の根元のほうで喉をふさぐような感じになります。
ㄷ	ッ [t]	「勝った [katta]」と言おうとして「カッ [kat]」と途中で舌先を歯と歯ぐきにぴったりとつけて止めたときの音です。
ㅂ	プ [p]	「葉っぱ [happa]」と言おうとして「ハッ [hap]」と途中で口を閉じたときの音です。息を止めるような感じになります。
ㄹ	ル [ɭ]	日本語にない音です。英語の [ɭ] を発音するときよりも舌先をより後ろに引いて発音します。
ㅁ	ム [m]	「3枚 [sammai]」と言うときの「ん [m]」の音で、口を閉じたときの音です。日本語の「む [mu]」にならないように注意しましょう。
ㄴ	ン [n]	「3台 [sandai]」と言うときの「ん [n]」の音で、発音したときに舌先を歯と歯ぐきにぴったりとつけて止めます。
ㅇ	ン [ŋ]	「3階 [saŋgai]」と言うときの「ん [ŋ]」の音です。口を開けて鼻から息を出しながら音を響かせます。口を閉じないように気をつけましょう。

パッチムの発音練習

CD を聴いて、パッチムのある単語を発音してみましょう。

박 パク [paᵏ] (朴) [姓]	**발** パル [paɭ] (足)	**방** パン [paŋ] (部屋)
밭 パッ [paᵗ] (畑)	**밤** パム [pam] (夜)	**약속** ヤクッソク [jakˀsoᵏ] (約束)
밥 パプ [paᵖ] (ご飯)	**반** パン [pan] (クラス)	**안녕** アンニョン [annjɔŋ] (やあ) [「こんにちは」のくだけた言い方]
꽃 コッ [ˀkoᵗ] (花)	**입** イプ [iᵖ] (口)	**한글** ハングル [haŋgɯɭ] (ハングル)

反 切 表

● 平音・激音と基本母音の組み合わせ

	ㅏ [a]	ㅑ [ja]	ㅓ [ɔ]	ㅕ [jɔ]	ㅗ [o]	ㅛ [jo]	ㅜ [u]	ㅠ [ju]	ㅡ [ɯ]	ㅣ [i]
ㄱ [k/g]	カ 가	キャ 갸	コ 거	キョ 겨	コ 고	キョ 교	ク 구	キュ 규	ク 그	キ 기
ㄴ [n]	ナ 나	ニャ 냐	ノ 너	ニョ 녀	ノ 노	ニョ 뇨	ヌ 누	ニュ 뉴	ヌ 느	ニ 니
ㄷ [t/d]	タ 다	ティャ 댜	ト 더	ティョ 뎌	ト 도	ティョ 됴	トゥ 두	ティュ 듀	トゥ 드	ティ 디
ㄹ [r/ℓ]	ラ 라	リャ 랴	ロ 러	リョ 려	ロ 로	リョ 료	ル 루	リュ 류	ル 르	リ 리
ㅁ [m]	マ 마	ミャ 먀	モ 머	ミョ 며	モ 모	ミョ 묘	ム 무	ミュ 뮤	ム 므	ミ 미
ㅂ [p/b]	パ 바	ピャ 뱌	ポ 버	ピョ 벼	ポ 보	ピョ 뵤	ブ 부	ビュ 뷰	ブ 브	ビ 비
ㅅ [s/ʃ]	サ 사	シャ 샤	ソ 서	ショ 셔	ソ 소	ショ 쇼	ス 수	シュ 슈	ス 스	シ 시
ㅇ [無音/ŋ]	ア 아	ヤ 야	オ 어	ヨ 여	オ 오	ヨ 요	ウ 우	ユ 유	ウ 으	イ 이
ㅈ [tʃ/dʒ]	チャ 자	チャ 쟈	チョ 저	チョ 져	チョ 조	チョ 죠	チュ 주	チュ 쥬	チュ 즈	チ 지
ㅊ [tʃʰ]	チャ 차	チャ 챠	チョ 처	チョ 쳐	チョ 초	チョ 쵸	チュ 추	チュ 츄	チュ 츠	チ 치
ㅋ [kʰ]	カ 카	キャ 캬	コ 커	キョ 켜	コ 코	キョ 쿄	ク 쿠	キュ 큐	ク 크	キ 키
ㅌ [tʰ]	タ 타	ティャ 탸	ト 터	ティョ 텨	ト 토	ティョ 툐	トゥ 투	ティュ 튜	トゥ 트	ティ 티
ㅍ [pʰ]	パ 파	ピャ 퍄	ポ 퍼	ピョ 펴	ポ 포	ピョ 표	ブ 푸	ビュ 퓨	ブ 프	ピ 피
ㅎ [h]	ハ 하	ヒャ 햐	ホ 허	ヒョ 혀	ホ 호	ヒョ 효	フ 후	ヒュ 휴	フ 흐	ヒ 히

● 平音・激音と複合母音の組み合わせ

	ㅐ[ɛ]	ㅒ[jɛ]	ㅔ[e]	ㅖ[je]	ㅘ[wa]	ㅙ[wɛ]	ㅚ[we]	ㅝ[wɔ]	ㅞ[we]	ㅟ[wi]	ㅢ[ɰi]
ㄱ[k/g]	ケ 개	ケ 걔	ケ 게	ケ 계	クヮ 과	クェ 괘	クェ 괴	クォ 궈	クェ 궤	クィ 귀	キ 긔
ㄴ[n]	ネ 내	ネ 냬	ネ 네	ネ 녜	ヌヮ 놔	—	ヌェ 뇌	ヌォ 눠	ヌェ 눼	ヌィ 뉘	ニ 늬
ㄷ[t/d]	テ 대	—	テ 데	テ 뎨	トゥヮ 돠	トゥェ 돼	トゥェ 되	トゥォ 둬	トゥェ 뒈	トゥィ 뒤	ティ 듸
ㄹ[r/ℓ]	レ 래	—	レ 레	レ 례	ルヮ 롸	—	ルェ 뢰	ルォ 뤄	ルェ 뤠	ルィ 뤼	—
ㅁ[m]	メ 매	—	メ 메	メ 몌	ムヮ 뫄	—	ムェ 뫼	ムォ 뭐	ムェ 뭬	ムィ 뮈	—
ㅂ[p/b]	ペ 배	—	ペ 베	ペ 볘	ブヮ 봐	ブェ 봬	ブェ 뵈	ブォ 붜	ブェ 붸	ブィ 뷔	—
ㅅ[s/ʃ]	セ 새	シェ 섀	セ 세	シェ 셰	スヮ 솨	スェ 쇄	スェ 쇠	スォ 숴	スェ 쉐	シュィ 쉬	—
ㅇ[無音/ŋ]	エ 애	イェ 얘	エ 에	イェ 예	ワ 와	ウェ 왜	ウェ 외	ウォ 워	ウェ 웨	ウィ 위	ウイ 의
ㅈ[tʃ/dʒ]	チェ 재	チェ 쟤	チェ 제	チェ 졔	チュヮ 좌	チュェ 좨	チュェ 죄	チュォ 줘	チュェ 줴	チュィ 쥐	—
ㅊ[tʃʰ]	チェ 채	—	チェ 체	チェ 쳬	チュヮ 촤	—	チュェ 최	チュォ 춰	チュェ 췌	チュィ 취	—
ㅋ[kʰ]	ケ 캐	—	ケ 케	ケ 켸	クヮ 콰	クェ 쾌	クェ 쾨	クォ 쿼	クェ 퀘	クィ 퀴	—
ㅌ[tʰ]	テ 태	—	テ 테	テ 톄	トゥヮ 톼	トゥェ 퇘	トゥェ 퇴	トゥォ 퉈	トゥェ 퉤	トゥィ 튀	ティ 틔
ㅍ[pʰ]	ペ 패	—	ペ 페	ペ 폐	ブヮ 퐈	—	ブェ 푀	ブォ 풔	—	ブィ 퓌	—
ㅎ[h]	ヘ 해	—	ヘ 헤	ヘ 혜	フヮ 화	フェ 홰	フェ 회	フォ 훠	フェ 훼	フィ 휘	ヒ 희

＊空欄に入る文字は理論上は存在しますが、実際には使われません。

● 濃音と基本母音の組み合わせ

	ㅏ [a]	ㅑ [ja]	ㅓ [ɔ]	ㅕ [jɔ]	ㅗ [o]	ㅛ [jo]	ㅜ [u]	ㅠ [ju]	ㅡ [ɯ]	ㅣ [i]
ㄲ [ʔk]	カ 까	キャ 꺄	コ 꺼	キョ 껴	コ 꼬	キョ 꾜	ク 꾸	キュ 뀨	ク 끄	キ 끼
ㄸ [ʔt]	タ 따	—	ト 떠	ティョ 뗘	ト 또	—	トゥ 뚜	—	トゥ 뜨	ティ 띠
ㅃ [ʔp]	パ 빠	ピャ 뺘	ポ 뻐	ピョ 뼈	ポ 뽀	ピョ 뾰	プ 뿌	ピュ 쀼	プ 쁘	ピ 삐
ㅆ [ʔs/ʔʃ]	サ 싸	—	ソ 써	—	ソ 쏘	ショ 쑈	ス 쑤	—	ス 쓰	シ 씨
ㅉ [ʔtʃ]	チャ 짜	チャ 쨔	チョ 쩌	チョ 쪄	チョ 쪼	—	チュ 쭈	チュ 쮸	チュ 쯔	チ 찌

● 濃音と複合母音の組み合わせ

	ㅐ [ɛ]	ㅒ [jɛ]	ㅔ [e]	ㅖ [je]	ㅘ [wa]	ㅙ [wɛ]	ㅚ [we]	ㅝ [wɔ]	ㅞ [we]	ㅟ [wi]	ㅢ [ɯi]
ㄲ [ʔk]	ケ 깨	—	ケ 께	ケ 꼐	クヮ 꽈	クェ 꽤	クェ 꾀	クォ 꿔	クェ 꿰	クィ 뀌	—
ㄸ [ʔt]	テ 때	—	テ 떼	—	トゥワ 똬	トゥェ 뙈	トゥェ 뙤	—	トゥェ 뛔	トゥィ 뛰	ティ 띄
ㅃ [ʔp]	ペ 빼	—	ペ 뻬	—	—	—	プェ 뾔	—	—	—	—
ㅆ [ʔs/ʔʃ]	セ 쌔	—	セ 쎄	—	スヮ 쏴	スェ 쐐	スェ 쐬	スォ 쒀	スェ 쒜	シュィ 쒸	シ 씌
ㅉ [ʔtʃ]	チェ 째	—	チェ 쩨	—	チュヮ 쫘	チュェ 쫴	チュェ 쬐	チュォ 쭤	—	チュィ 쮜	—

韓国語の発音のルール

　ここでは、韓国語を話すうえで必ず覚えておかなければならない発音のルールについて学びます。たくさんあるように思えるでしょうが、慣れれば自然と発音できるようになります。少しずつ覚えて慣れていきましょう。

●語中の平音を濁音で発音─濁音化

　平音の「ㄱ，ㄷ，ㅂ，ㅈ」は語頭にきた場合は、そのまま［k］［t］［p］［tʃ］と発音しますが、母音に挟まれたり、前にパッチムの「ㄴ，ㄹ，ㅁ，ㅇ」があったりする場合には濁音化させ、それぞれ［g］［d］［b］［dʒ］の音で発音します。

　なお、語頭の文字は基本的に濁音で発音することはありません。

　読み方

× ココ → ○ ゴゴ
고고（考古）

× テテ → ○ テデ
대대（代々）

× ブブ → ○ ブブ
부부（夫婦）

× チチ → ○ チヂ
지지（支持）

　母音に挟まれた平音「ㄱ，ㄷ，ㅂ，ㅈ」は濁音化させて発音するという規則があるので、2番目の文字は濁音で発音します。

　読み方

× チョンチョン → ○チョンヂョン
전전（戦前）

× パルパル → ○バルバル
발발（勃発）

× タムタム → ○タムダム
담담（淡々）

× チョンチョン → ○チョンヂョン
정정（訂正）

　パッチム「ㄴ，ㄹ，ㅁ，ㅇ」が前にある場合、次の平音は濁音化させて発音するという規則があるので、2番目の文字は濁音で発音します。

＊ なお、日本語では「サ→ザ、シ→ジ、ハ→バ」のように「サ行、ハ行」は濁音化しますが、韓国語の「ㅅ、ㅎ」の音は濁音化しないので注意しましょう。

●パッチムを母音と結びつけて発音─連音化

パッチムの後に母音が続いた場合、パッチムを母音と結びつけるとともに、平音だった場合には濁音化させて発音します。

また二重パッチム（P33 参照）の場合は、2 つとも発音します。

綴りどおりの読み	実際の読み	綴りどおりの読み	実際の読み
クゥオ **국어**(国語) ➡	クゴ [**구거**]	サラムウン **사람은**(人は) ➡	サラムン [**사라믄**]
スプウル **숲을**(森を) ➡	スプル [**수플**]	パクウン **밖은**(外は) ➡	パククン [**박근**]
チョムウンイ **젊은이**(若者) ➡	チョルムニ [**절므니**]		

＊ パッチムを次の母音と結びつけて発音しているのがわかると思います。二重パッチムの場合は、左側の子音はパッチムとして発音し、次に右側の子音を後ろの母音と結びつけて初声として発音します。

●平音を激音として発音─激音化

「ㅎ」と平音の「ㄱ，ㄷ，ㅂ，ㅈ」が隣り合った場合は、その平音を激音化させて、「ㄱ → ㅋ」「ㄷ → ㅌ」「ㅂ → ㅍ」「ㅈ → ㅊ」の音で発音します。

また [t] 音で発音されるパッチムの「ㅅ」も「ㅌ」として発音します。

綴りどおりの読み	実際の読み	綴りどおりの読み	実際の読み
ヨクハル **역할**(役割) ➡	ヨクカル [**여칼**]	モッハダ **못하다**(できない) ➡	モッタダ [**모타다**]
イプハク **입학**(入学) ➡	イプパク [**이팍**]	イッヒダ **잊히다**(忘れられる) ➡	イッチダ [**이치다**]
イロッケ **이렇게**(このように) ➡	イロッケ [**이러케**]	チョッタ **좋다**(よい) ➡	チョッタ [**조타**]
マンタ **많다**(多い) ➡	マンタ [**만타**]		

＊ 二重パッチムなので最初は左側の「ㄴ」をパッチムとして発音し、なおかつ右側の「ㅎ」は後ろの子音「ㄷ」と結びつけて激音化させて初声として発音します。

＊ 激音化したときにはパッチムの音が若干残り、かつその音が激音化します。

●「ㅎ」の音を弱く発音

「ㄴ，ㄹ，ㅁ，ㅇ」のパッチムの後に「ㅎ」が続いた場合や、母音が後続した場合パッチムの「ㅎ」の音は、ほとんど発音しなくてもよいです。

綴りどおりの読み	実際の読み	綴りどおりの読み	実際の読み
カンヘン 간행(刊行)	→ カネン [가냉]	マルハダ 말하다(言う)	→ マラダ [마라다]
アムホ 암호(暗号)	→ アモ [아모]	チョッアヨ 좋아요(いいです)	→ チョアヨ [조아요]
アンニョンヒ 안녕히(お元気に)	→ アンニョンイ [안녕이]		

●平音を濃音として発音―濃音化

［ㄱ］［ㄷ］［ㅂ］で発音されるパッチムの後に平音の「ㄱ，ㄷ，ㅂ，ㅅ，ㅈ」が続いた場合、その音は濃音として発音します（この場合の［ㄷ］で発音されるパッチムとは、「ㅎ」以外の［t］で発音されるパッチムです。P33 参照）。

綴りどおりの読み	実際の読み	綴りどおりの読み	実際の読み
ハクキョ 학교(学校)	→ ハクッキョ [학꾜]	チプタン 집단(集団)	→ チプッタン [집딴]
コッタバル 꽃다발(花束)	→ コッタバル [꼳따발]	スクバク 숙박(宿泊)	→ スクッパク [숙빡]
チャクサ 작사(作詞)	→ チャクッサ [작싸]	ハクチャ 학자(学者)	→ ハクッチャ [학짜]

このほかに濃音化させる例として次のものがあります。漢字語で、「ㄹ」パッチムの後に「ㄱ，ㄷ，ㅈ，ㅅ」が続いた場合、それらを濃音として発音する場合があります。

綴りどおりの読み	実際の読み	綴りどおりの読み	実際の読み
チョルト 철도(鉄道)	→ チョルット [철또]	パルチョン 발전(発展)	→ パルッチョン [발쩐]
イルサン 일상(日常)	→ イルッサン [일쌍]		

●「ㄴ」の音を「ㄹ」音で発音─流音化

パッチムとそれに続く子音の並び方が、「ㄹ」「ㄴ」もしくは、「ㄴ」「ㄹ」の場合、それらは「ㄹ」「ㄹ」で発音します。

綴りどおりの読み	実際の読み	綴りどおりの読み	実際の読み
シンラ **신라**(新羅) ➡	シルラ **[실라]**	ソルナル **설날**(元旦) ➡	ソルラル **[설랄]**

●パッチムの音を変えて発音─鼻音化

[ㄱ][ㄷ][ㅂ] として発音するパッチムの後に子音の「ㄴ，ㅁ」が続いた場合、そのパッチムを鼻音化させて「ㄱ [k]」→「ㅇ [ŋ]」、「ㄷ [t]」→「ㄴ [n]」、「ㅂ [p]」→「ㅁ [m]」の音で発音します。

綴りどおりの読み	実際の読み	綴りどおりの読み	実際の読み
ハクニョン **학년**(学年) ➡	ハンニョン **[항년]**	ハングクマル **한국말**(韓国語) ➡	ハングンマル **[한궁말]**
コッナム **꽃나무**(花木) [花の咲く木] ➡	コンナム **[꼰나무]**	コッマル **꽃말**(花言葉) ➡	コンマル **[꼰말]**
ハプニダ **합니다**(します) ➡	ハムニダ **[함니다]**	チャプムン **잡문**(雑文) ➡	チャムムン **[잠문]**

[ㄱ][ㄷ][ㅂ][ㅁ][ㅇ] で発音するパッチムの後に子音の「ㄹ」が続いた場合、「ㄹ」は「ㄴ」に、さらに [ㄱ][ㄷ][ㅂ] で発音されるパッチムは「ㄱ」→「ㅇ」、「ㄷ」→「ㄴ」、「ㅂ」→「ㅁ」に変化させて発音します。

綴りどおりの読み	実際の読み	綴りどおりの読み	実際の読み
トクリプ **독립**(独立) ➡	トンニプ **[동닙]**	ハッライン **핫라인**(ホットライン) ➡	ハンナイン **[한나인]**
ハプリュ **합류**(合流) ➡	ハムニュ **[함뉴]**	オムリョン **엄령**(厳令) ➡	オムニョン **[엄녕]**
カンルン **강릉**(江陵) [地名] ➡	カンヌン **[강능]**		

●「ㄷ , ㅌ」の音を変えて発音―口蓋音化

　　パッチム「ㄷ , ㅌ」に「이」または「히」が続いた場合、「ㄷ」は「ㅈ」、「ㅌ」は「ㅊ」に変化させて発音します。

綴りどおりの読み	実際の読み	綴りどおりの読み	実際の読み

カッイ
같이(一緒に)　➡ **[가치]**　　　クッイ **굳이**(かたく、あえて) ➡ **[구지]**

タッヒタ
닫히다(閉まる、　➡ **[다치다]**
　　　　　　閉じられる)

● ㄴ [n] 音を挿入して発音

　　合成単語において、パッチムに母音の「야 , 여 , 요 , 유 , 이」が続いた場合、「ㄴ」を挿入して発音することがあります。

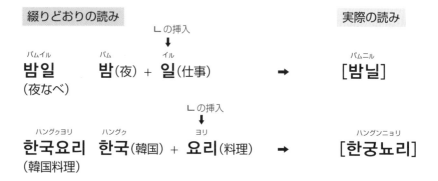

綴りどおりの読み			実際の読み

ㄴの挿入

バムイル
밤일　　**밤**(夜) + **일**(仕事)　➡　**[밤닐]**
(夜なべ)

ㄴの挿入

ハングクヨリ
한국요리　**한국**(韓国) + **요리**(料理)　➡　**[한궁뇨리]**
(韓国料理)

＊「한국요리」は「ㄴ」の音を挿入したことで、鼻音化（ㄱ [k] をㅇ [ŋ] に変化）も同時に起こって発音が変化しています。

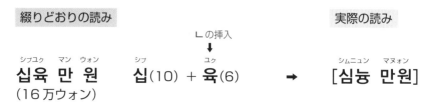

綴りどおりの読み			実際の読み

ㄴの挿入

シプユク マン ウォン
십육 만 원　**십**(10) + **육**(6)　➡　**[심늉 만원]**
(16万ウォン)

＊「십육」はまず、「ㄴ」の音を挿入したことで、鼻音化（ㅂ [p] をㅁ [m] に変化）が起こって「심뉵」となり、さらに「만 원」がつくことで、再び鼻音化（ㄱ [k] をㅇ [ŋ] に変化）が起こって発音が変化しています。

第 **2** 章

基本の単語

「食事」「買い物」「観光」などでよく使う、基本的な単語を集めました。音声を聴きながら文字と音に慣れていきましょう。

① 朝食　アチム　**아침**　아침

② 昼食
漢 점심：点心
チョムシム
점심　점심

③ 夕食
チョニョク
저녁　저녁

④ 茶
漢 차：茶
チャ
차　차

⑤ 水
ムル
물　물

⑥ ビール
漢 맥주：麦酒
メクチュ
맥주　맥주

⑦ 酒
スル
술　술

44

		パプ	
⑧ ご飯		**밥**	밥

		チゲ	
⑨ 鍋料理		**찌개**	찌개

		キムチ	
⑩ キムチ		**김치**	김치

		プルゴギ	
⑪ 焼肉		**불고기**	불고기

		ビビムッパプ	
⑫ ビビンバ		**비빔밥**	비빔밥

		ネンミョン	
⑬ 冷麺 漢 냉면 : 冷麺		**냉면**	냉면

		クッ	
⑭ スープ		**국**	국

		コプ	
⑮ コップ 外 컵 : cup		**컵**	컵

		チョプシ	
⑯ 皿		**접시**	접시

		クルッ	
⑰ 器		**그릇**	그릇

		チョッカラク	
⑱ 箸		**젓가락**	젓가락

		スッカラク	
⑲ スプーン		**숟가락**	숟가락

		ハングンニョリ	
⑳ 韓国料理 漢 한국요리 : 韓国料理		**한국요리**	한국요리

買い物

① 買い物 (ショッピング)
外 쇼핑 : shopping
ショピン
쇼핑 쇼핑

② 免税店
漢 면세점 : 免税店
ミョンセヂョム
면세점 면세점

③ 支払い
漢 지불 : 支払
チブル
지불 지불

④ お金
トン
돈 돈

⑤ 硬貨
漢 동전 : 銅銭
トンヂョン
동전 동전

⑥ 紙幣
漢 지폐 : 紙幣
チペ
지폐 지폐

⑦ おつり
コスルムトン
거스름돈 거스름돈

⑧ クレジットカード
漢 신용：信用　外 카드：card
シニョン カドゥ
신용카드 신용카드

⑨ 価格
漢 가격：価格
カギョク
가격 가격

⑩ 領収証
漢 영수증：領収証
ヨンスヂュン
영수증 영수증

⑪ セール
外 세일：sale
セイル
세일 세일

⑫ 売り場
漢 매장：売場
メヂャン
매장 매장

⑬ レジ
漢 계산대：計算台
ケサンデ
계산대 계산대

⑭ 商品
漢 상품：商品
サンプム
상품 상품

⑮ 包装
漢 포장：包装
ポヂャン
포장 포장

⑯ 土産
漢 선물：膳物
ソンムル
선물 선물

⑰ 化粧品
漢 화장품：化粧品
フヮヂャンプム
화장품 화장품

⑱ 陶磁器
漢 도자기：陶磁器
トヂャギ
도자기 도자기

⑲ 高麗人参
漢 고려인삼：高麗人蔘
コリョインサム
고려인삼 고려인삼

⑳ ブランド品
漢 명품：名品
ミョンプム
명품 명품

観　光

① 観光地 漢 관광지 : 観光地	クヮングヮンヂ **관광지**	관광지
② 地図 漢 지도 : 地図	チド **지도**	지도
③ パンフレット 外 팜플렛 : pamphlet	パムプルレッ **팜플렛**	팜플렛
④ 観光案内所 漢 관광안내소 : 観光案内所	クヮングヮンアンネソ **관광안내소**	관광안내소
⑤ ガイド 外 가이드 : guide	カイドゥ **가이드**	가이드
⑥ 古宮 漢 고궁 : 古宮	コグン **고궁**	고궁
⑦ 博物館 漢 박물관 : 博物館	パンムルグヮン **박물관**	박물관

⑧ 寺 　　チョル
　　　　　절 　　절

⑨ ツアー 　　トゥオ
　外 투어：tour 　　**투어** 　　투어

⑩ 伝統舞踊 　　チョントンムヨン
　漢 전통무용：伝統舞踊 　　**전통무용** 　전통무용

⑪ 民俗村 　　ミンソクチョン
　漢 민속촌：民俗村 　　**민속촌** 　민속촌

⑫ 切符売り場 　　メピョソ
　漢 매표소：売票所 　　**매표소** 　매표소

⑬ 入場料 　　イブッチャンニョ
　漢 입장료：入場料 　　**입장료** 　입장료

⑭ 観覧時間 　　クワルラムシガン
　漢 관람시간：観覧時間 　　**관람시간** 　관람시간

⑮ 入口 　　イブック
　漢 입구：入口 　　**입구** 　입구

⑯ 出口 　　チュルグ
　漢 출구：出口 　　**출구** 　출구

⑰ 売店 　　メヂョム
　漢 매점：売店 　　**매점** 　매점

⑱ トイレ 　　フヮヂャンシル
　漢 화장실：化粧室 　　**화장실** 　화장실

⑲ 写真撮影 　　サヂンチュヮリョン
　漢 사진촬영：写真撮影 　　**사진촬영** 　사진촬영

⑳ 禁煙 　　クミョン
　漢 금연：禁煙 　　**금연** 　금연

街の中のもの

① デパート 漢 백화점：百貨店	^{ペックワヂョム} **백화점**	백화점
② スーパーマーケット 外 슈퍼마켓：supermarket	^{シュポマケッ} **슈퍼마켓**	슈퍼마켓
③ コンビニエンスストア 漢 편의점：便宜店	^{ピョニヂョム} **편의점**	편의점
④ 市場 漢 시장：市場	^{シヂャン} **시장**	시장
⑤ ホテル 外 호텔：hotel	^{ホテル} **호텔**	호텔
⑥ ビル 外 빌딩：building	^{ピルディン} **빌딩**	빌딩
⑦ 郵便局 漢 우체국：郵遞局	^{ウチェグク} **우체국**	우체국

⑧ 銀行
漢 은행：銀行

ウネン
은행　은행

⑨ 病院
漢 병원：病院

ピョンウォン
병원　병원

⑩ 交番
漢 파출소：派出所

パチュルソ
파출소　파출소

⑪ 地下鉄
漢 지하철：地下鉄

チハチョル
지하철　지하철

⑫ 駅
漢 역：駅

ヨク
역　역

⑬ 空港
漢 공항：空港

コンハン
공항　공항

⑭ 自動車
漢 자동차：自動車

チャドンチャ
자동차　자동차

⑮ バス
外 버스：bus

ポス
버스　버스

⑯ タクシー
外 택시：taxi

テクシ
택시　택시

⑰ 道

キル
길　길

⑱ 交差点
漢 교차로：交叉路

キョチャロ
교차로　교차로

⑲ 横断歩道
漢 횡단보도：横断歩道

フェンダンボド
횡단보도　횡단보도

⑳ 信号
漢 신호등：信号灯

シノドゥン
신호등　신호등

住まい・家の中のもの

① 家	チプ **집**	집

*日本の分譲賃貸マンションにあたり、5階建て以上の集合住宅を指す。

② マンション 外 아파트：apartment house の略	アパトゥ **아파트**	아파트

③ 玄関 漢 현관：玄関	ヒョングヮン **현관**	현관

④ ドア（扉） 漢 문：門	ムン **문**	문

⑤ 窓 漢 창문：窓門	チャンムン **창문**	창문

⑥ 部屋 漢 방：房	パン **방**	방

*韓国式の床暖房。

⑦ オンドル 漢 온돌：温突	オンドル **온돌**	온돌

⑧ 居間
漢 거실：居室
コシル
거실　거실

⑨ 浴室
漢 욕실：浴室
ヨクシル
욕실　욕실

⑩ 台所
ブオク
부엌　부엌

⑪ ベッド
漢 침대：寝台
チムデ
침대　침대

⑫ テーブル
漢 탁자：卓子
タクチャ
탁자　탁자

⑬ ソファー
外 소파：sofa

＊英語のＦの音は、韓国語ではＰの音で発音される。

ソパ
소파　소파

⑭ 椅子
漢 의자：椅子
ウイヂャ
의자　의자

⑮ テレビ
外 텔레비전：television
テルレビヂョン
텔레비전　텔레비전

⑯ 冷蔵庫
漢 냉장고：冷蔵庫
ネンヂャンゴ
냉장고　냉장고

⑰ 電話
漢 전화：電話
チョヌワ
전화　전화

⑱ 時計
漢 시계：時計
シゲ
시계　시계

⑲ エアコン
外 에어컨：air conditioner の略
エオコン
에어컨　에어컨

⑳ パソコン
外 피시：personal computer の略
ピシ
피시　피시

ホテル

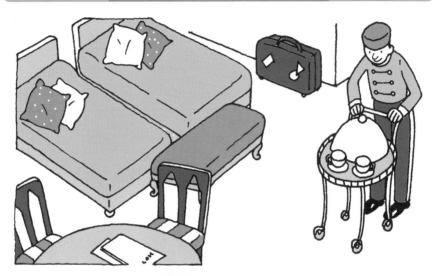

① フロント 外 프런트 : front	プロントゥ **프런트**	프런트
② 客室 漢 객실 : 客室	ケクシル **객실**	객실
③ ルームキー 漢 방 열쇠 : 房一	パン ヨルスェ **방 열쇠**	방 열쇠
④ セーフティーボックス 外 세이프티 박스 : safety box	セイプティ バックス **세이프티 박스**	세이프티 박스
⑤ ルームサービス 外 룸 서비스 : room service	ルム ソビス **룸 서비스**	룸 서비스
⑥ クローゼット	オッチャン **옷장**	옷장
⑦ 毛布	タムニョ **담요**	담요

⑧ 枕
ペゲ
베개
베개

⑨ シーツ
外 시트：sheet
シトゥ
시트
시트

⑩ ハンガー
オッコリ
옷걸이
옷걸이

⑪ ドライヤー
外 드라이어：drier
トゥライオ
드라이어
드라이어

⑫ くし
ピッ
빗
빗

⑬ 石鹸
ピヌ
비누
비누

⑭ タオル
外 타월：towel
タウォル
타월
타월

⑮ シャワー
外 샤워：shower
シャウォ
샤워
샤워

⑯ シャンプー
外 샴푸：shampoo
シャムプ
샴푸
샴푸

⑰ リンス
外 린스：rinse
リンス
린스
린스

⑱ ひげそり
漢 면도칼：面刀－
ミョンドカル
면도칼
면도칼

⑲ 歯ブラシ
漢 칫솔：歯－
チッソル
칫솔
칫솔

⑳ 歯磨き粉
漢 치약：歯薬
チヤク
치약
치약

身のまわりのもの

① 服 　　　オッ
옷 　옷

② スーツ 　　ヤンボク
漢 양복 : 洋服 **양복** 　양복

③ ワンピース 　　ウォンピス
外 원피스 : one-piece dress の略 **원피스** 　원피스

④ ワイシャツ 　　ワイショチュ
外 와이셔츠 : white shirt の転 **와이셔츠** 　와이셔츠

⑤ セーター 　　スウェト
外 스웨터 : sweater **스웨터** 　스웨터

⑥ ジャンパー 　　チョムポ
外 점퍼 : jumper **점퍼** 　점퍼

⑦ ズボン 　　パヂ
바지 　바지

⑧ スカート	<ruby>치마<rt>チマ</rt></ruby>	치마
⑨ 靴下	<ruby>양말<rt>ヤンマル</rt></ruby>	양말
⑩ 靴	<ruby>구두<rt>クドゥ</rt></ruby>	구두
⑪ マフラー	<ruby>목도리<rt>モクットリ</rt></ruby>	목도리
⑫ ネクタイ 外 넥타이 : necktie	<ruby>넥타이<rt>ネクタイ</rt></ruby>	넥타이
⑬ 手袋 漢 장갑 : 掌匣	<ruby>장갑<rt>チャンガプ</rt></ruby>	장갑
⑭ 帽子 漢 모자 : 帽子	<ruby>모자<rt>モヂャ</rt></ruby>	모자
⑮ 眼鏡 漢 안경 : 眼鏡	<ruby>안경<rt>アンギョン</rt></ruby>	안경
⑯ 腕時計 漢 손목시계 :－時計	<ruby>손목시계<rt>ソンモクシゲ</rt></ruby>	손목시계
⑰ カバン	<ruby>가방<rt>カバン</rt></ruby>	가방
⑱ 傘 漢 우산 : 雨傘	<ruby>우산<rt>ウサン</rt></ruby>	우산
⑲ 携帯電話 漢 휴대전화 : 携帯電話	<ruby>휴대전화<rt>ヒュデヂョヌワ</rt></ruby>	휴대전화
⑳ 財布 漢 지갑 : 紙匣	<ruby>지갑<rt>チガプ</rt></ruby>	지갑

① 父	アボヂ	**아버지**	아버지
② 母	オモニ	**어머니**	어머니
③ 私（わたくし）	チョ	**저**	저
④ 兄（弟から見て） 漢 형：兄	ヒョン	**형**	형
⑤ 兄（妹から見て）	オッパ	**오빠**	오빠
⑥ 姉（弟から見て）	ヌナ	**누나**	누나
⑦ 姉（妹から見て）	オンニ	**언니**	언니

⑧ 弟
漢 남동생：男同生
ナムドンセン
남동생　남동생

⑨ 妹
漢 여동생：女同生
ヨドンセン
여동생　여동생

⑩ 祖父（父方の）
ハラボヂ
할아버지　할아버지

⑪ 祖父（母方の）
ウェハラボヂ
외할아버지　외할아버지

⑫ 祖母（父方の）
ハルモニ
할머니　할머니

⑬ 祖母（母方の）
ウェハルモニ
외할머니　외할머니

⑭ 息子
アドゥル
아들　아들

⑮ 娘
タル
딸　딸

⑯ 孫
漢 손자：孫子
ソンヂャ
손자　손자

⑰ 孫娘
漢 손녀：孫女
ソンニョ
손녀　손녀

⑱ 夫
漢 남편：男便
ナムピョン
남편　남편

⑲ 妻
アネ
아내　아내

⑳ 家族
漢 가족：家族
カヂョク
가족　가족

気候・季節・自然

① 天気	ナルッシ **날씨**	날씨
② 晴れ	マルグム **맑음**	맑음
③ 曇り	フリム **흐림**	흐림
④ 天気予報 漢 일기예보：日気予報	イルギイェボ **일기예보**	일기예보
⑤ 雨	ピ **비**	비
⑥ 雪	ヌン **눈**	눈
⑦ 気温 漢 기온：気温	キオン **기온**	기온

⑧ 風 バラム **바람** 바람

⑨ 雲 クルム **구름** 구름

⑩ 月 タル **달** 달

⑪ 星 ピョル **별** 별

⑫ 太陽
漢 태양：太陽 テヤン **태양** 태양

⑬ 季節
漢 계절：季節 ケヂョル **계절** 계절

⑭ 春 ポム **봄** 봄

⑮ 夏 ヨルム **여름** 여름

⑯ 秋 カウル **가을** 가을

⑰ 冬 キョウル **겨울** 겨울

⑱ 山
漢 산：山 サン **산** 산

⑲ 川
漢 강：江 カン **강** 강

⑳ 海 パダ **바다** 바다

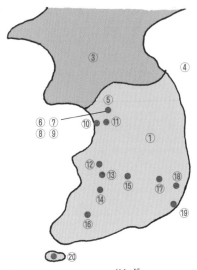

① 韓国
漢 한국：韓国

ハングゥ
한국　　한국

② 日本
漢 일본：日本

イルボン
일본　　일본

③ 北朝鮮
漢 북한：北韓

プッカン
북한　　북한

④ 朝鮮半島
漢 한반도：韓半島

ハンバンド
한반도　　한반도

⑤ ソウル

ソウル
서울　　서울

⑥ 明洞
漢 명동：明洞

ミョンドン
명동　　명동

⑦ 新村
漢 신촌：新村

シンチョン
신촌　　신촌

⑧ 江南
漢 강남：江南
カンナム
강남　　강남

⑨ 狎鷗亭
漢 압구정：狎鷗亭
アプックヂョン
압구정　　압구정

⑩ 仁川
漢 인천：仁川
インチョン
인천　　인천

⑪ 水原
漢 수원：水原
スウォン
수원　　수원

⑫ 公州
漢 공주：公州
コンヂュ
공주　　공주

⑬ 扶余
漢 부여：扶余
プヨ
부여　　부여

⑭ 全州
漢 전주：全州
チョンヂュ
전주　　전주

⑮ 大田
漢 대전：大田
テヂョン
대전　　대전

⑯ 光州
漢 광주：光州
クヮンヂュ
광주　　광주

⑰ 大邱
漢 대구：大邱
テグ
대구　　대구

⑱ 慶州
漢 경주：慶州
キョンヂュ
경주　　경주

⑲ 釜山
漢 부산：釜山
プサン
부산　　부산

⑳ 済州島
漢 제주도：済州島
チェヂュド
제주도　　제주도

① 行く	**가다** _{カダ}	가다
② 来る	**오다** _{オダ}	오다
③ 帰って行く	**돌아가다** _{トラガダ}	돌아가다
④ 言う・話す	**말하다** _{マラダ}	말하다
⑤ 考える・思う 漢 생각하다：生覚ー	**생각하다** _{センガックカダ}	생각하다
⑥ 見る	**보다** _{ポダ}	보다
⑦ 読む	**읽다** _{イクタ}	읽다

⑧ 書く・使う	スダ **쓰다***	쓰다
⑨ 聞く	トゥッタ **듣다***	듣다
⑩ 会う	マンナダ **만나다**	만나다
⑪ 食べる	モクタ **먹다**	먹다
⑫ 飲む	マシダ **마시다**	마시다
⑬ 着る	イプタ **입다**	입다
⑭ 脱ぐ	ポッタ **벗다**	벗다
⑮ 乗る	タダ **타다**	타다
⑯ 降りる	ネリダ **내리다**	내리다
⑰ 座る	アンタ **앉다**	앉다
⑱ 立つ	ソダ **서다**	서다
⑲ 起きる	イロナダ **일어나다**	일어나다
⑳ 寝る	チャダ **자다**	자다

＊変則用言（P142 ～ 143 参照）

		ハダ	
①	する	**하다**	하다
②	愛する	**사랑하다** サランハダ	사랑하다
③	好む・好きだ	**좋아하다** チョアハダ	좋아하다
④	嫌う・嫌だ	**싫어하다** シロハダ	싫어하다
⑤	買う	**사다** サダ	사다
⑥	売る	**팔다*** パルダ	팔다
⑦	つかむ・取る	**잡다** チャプタ	잡다

⑧ 出る	**나다**〔ナダ〕	나다
⑨ 出す	**내다**〔ネダ〕	내다
⑩ 与える	**주다**〔チュダ〕	주다
⑪ 受け取る・受ける	**받다**〔パッタ〕	받다
⑫ 教える	**가르치다**〔カルチダ〕	가르치다
⑬ 学ぶ	**배우다**〔ペウダ〕	배우다
⑭ 忘れる	**잊다**〔イッタ〕	잊다
⑮ 住む・暮らす	**살다**〔サルダ〕*	살다
⑯ 作る	**만들다**〔マンドゥルダ〕*	만들다
⑰ 知る・わかる	**알다**〔アルダ〕*	알다
⑱ 知らない・わからない	**모르다**〔モルダ〕*	모르다
⑲ 歩く	**걷다**〔コッタ〕*	걷다
⑳ 探す	**찾다**〔チャッタ〕	찾다

＊変則用言（P142〜143 参照）

音声
24

① おいしい	**맛있다** _{マシッタ}	맛있다
② 辛い	**맵다*** _{メプタ}	맵다
③ 塩辛い	**짜다** _{チャダ}	짜다
④ 甘い	**달다*** _{タルダ}	달다
⑤ 空腹だ	**배고프다*** _{ペゴプダ}	배고프다
⑥ (お腹が)いっぱいだ	**배부르다*** _{ペブルダ}	배부르다
⑦ 小さい	**작다** _{チャクタ}	작다

⑧ 大きい	<ruby>크다<rt>クダ</rt></ruby>*	크다
⑨ 長い	<ruby>길다<rt>キルダ</rt></ruby>*	길다
⑩ 短い	<ruby>짧다<rt>チャルタ</rt></ruby>	짧다
⑪ 多い	<ruby>많다<rt>マンタ</rt></ruby>	많다
⑫ 少ない	<ruby>적다<rt>チョクタ</rt></ruby>	적다
⑬ (価格が)高い	<ruby>비싸다<rt>ピッサダ</rt></ruby>	비싸다
⑭ 安い	<ruby>싸다<rt>サダ</rt></ruby>	싸다
⑮ (高さが)高い	<ruby>높다<rt>ノプタ</rt></ruby>	높다
⑯ 低い	<ruby>낮다<rt>ナッタ</rt></ruby>	낮다
⑰ 広い	<ruby>넓다<rt>ノルタ</rt></ruby>	넓다
⑱ 狭い	<ruby>좁다<rt>チョプタ</rt></ruby>	좁다
⑲ 深い	<ruby>깊다<rt>キプタ</rt></ruby>	깊다
⑳ 浅い	<ruby>얕다<rt>ヤッタ</rt></ruby>	얕다

＊変則用言（P142 〜 143 参照）

① 暖かい	**따뜻하다** タットゥッタダ	따뜻하다
② 熱い	**뜨겁다*** トゥゴプタ	뜨겁다
③ 冷たい	**차다** チャダ	차다
④ 暑い	**덥다*** トプタ	덥다
⑤ 寒い	**춥다*** チュプタ	춥다
⑥ 良い	**좋다** チョッタ	좋다
⑦ 悪い	**나쁘다*** ナップダ	나쁘다

⑧ 遅い・遅れている	ヌッタ **늦다**	늦다
⑨ 速い	パルダ **빠르다**＊	빠르다
⑩ 忙しい	パップダ **바쁘다**＊	바쁘다
⑪ うれしい	キップダ **기쁘다**＊	기쁘다
⑫ 悲しい	スルプダ **슬프다**＊	슬프다
⑬ 痛い	アプダ **아프다**＊	아프다
⑭ きれいだ	イェップダ **예쁘다**＊	예쁘다
⑮ 遠い	モルダ **멀다**＊	멀다
⑯ 近い	カッカプタ **가깝다**＊	가깝다
⑰ 易しい	シュィプタ **쉽다**＊	쉽다
⑱ 難しい	オリョプタ **어렵다**＊	어렵다
⑲ 重い	ムゴプタ **무겁다**＊	무겁다
⑳ 軽い	カビョプタ **가볍다**＊	가볍다

＊変則用言（P142 ～ 143 参照）

数　字

韓国語の数字には「1、2、3」などの漢字に由来する漢数詞と、日本語の「1つ、2つ」に当たる固有数詞とがあります。固有数詞は日本語では10までしかありませんが、韓国語では99まであります。

時間を表す場合、「時」は固有数詞、「分」は漢数詞を使います。また年月日、金額も漢数詞で表します。

● 漢数詞

音声 26

0 ヨン コン 영/공*1 漢 영/공：零/空	1 イル 일 漢 일：一	2 イ 이 漢 이：二	3 サム 삼 漢 삼：三	4 サ 사 漢 사：四
5 オ 오 漢 오：五	6 ユク 육*2 漢 육：六	7 チル 칠 漢 칠：七	8 パル 팔 漢 팔：八	9 ク 구 漢 구：九
10 シプ 십 漢 십：十	11 シビル 십일 漢 십일：十一	12 シビ 십이 漢 십이：十二	13 シプサム 십삼 漢 십삼：十三	14 シプサ 십사 漢 십사：十四
15 シボ 십오 漢 십오：十五	16 シムニュク 십육*2 漢 십육：十六	17 シプチル 십칠 漢 십칠：十七	18 シプパル 십팔 漢 십팔：十八	19 シプク 십구 漢 십구：十九
20 イシプ 이십 漢 이십：二十	30 サムシプ 삼십 漢 삼십：三十	40 サシプ 사십 漢 사십：四十	50 オシプ 오십 漢 오십：五十	60 ユクシプ 육십 漢 육십：六十

70 チルシプ 칠십 漢 칠십：七十	80 パルシプ 팔십 漢 팔십：八十	90 クシプ 구십 漢 구십：九十	100 ペク 백 漢 백：百
500 オベク 오백 漢 오백：五百	1,000 チョン 천 漢 천：千	5,000 オチョン 오천 漢 오천：五千	10,000 マン 만 漢 만：万

*1　0を「공」と言うのは、電話番号などを言う場合です。
　　コンゴンイル
　　공공일（001）

*2　2ケタ以上の6は、「ユク」ではなく、「ニュク」と発音します。
　　シムニュク　　　　　　イシムニュク　　　　　　サムシムニュク
　　십육（16）→［심뉵］　　이십육（26）→［이심뉵］　　삼십육（36）→［삼심뉵］

● 固有数詞

音声 27

1つ ハナ 하나	2つ トゥル 둘	3つ セッ 셋	4つ ネッ 넷	5つ タソッ 다섯
6つ ヨソッ 여섯	7つ イルゴプ 일곱	8つ ヨドル 여덟	9つ アホプ 아홉	10 ヨル 열
20 スムル 스물	30 ソルン 서른	40 マフン 마흔	50 シュイン 쉰	60 イェスン 예순
70 イルン 일흔	80 ヨドゥン 여든	90 アフン 아흔	99 アフンナホプ 아흔아홉	

*固有数詞の1〜4と20は助数詞がつくと次のように変化します。
　ハナ　　　　　ハン ミョン　　 ミョン　　　　トゥル　　　 トゥ ミョン　　　 セッ　　　　セ ミョン
　하나 → 1名 한 명　◆名＝명　　둘 → 2名 두 명　　셋 → 3名 세 명
　ネッ　　　　　ネ ミョン　　　　　　　　スムル　　　　 スム ミョン
　넷 → 4名 네 명　　　　　　　　　스물 → 20名 스무 명

時と曜日

●時・分

音声 28

漢 <ruby>시<rt>シ</rt></ruby>：時   漢 <ruby>분<rt>プン</rt></ruby>：分

11時 <ruby>열한 시<rt>ヨラン シ</rt></ruby>
12時 <ruby>열두 시<rt>ヨルットゥ シ</rt></ruby>
1時 <ruby>한 시<rt>ハン シ</rt></ruby>
10時 <ruby>열 시<rt>ヨル シ</rt></ruby>
2時 <ruby>두 시<rt>トゥ シ</rt></ruby>
9時 <ruby>아홉 시<rt>アホプ シ</rt></ruby>
3時 <ruby>세 시<rt>セ シ</rt></ruby>
8時 <ruby>여덟 시<rt>ヨドル シ</rt></ruby>
4時 <ruby>네 시<rt>ネ シ</rt></ruby>
7時 <ruby>일곱 시<rt>イルゴプ シ</rt></ruby>
6時 <ruby>여섯 시<rt>ヨソッ シ</rt></ruby>
5時 <ruby>다섯 시<rt>タソッ シ</rt></ruby>

 ▶▶ 15分 <ruby>십오 분<rt>シボ プン</rt></ruby>

 ▶▶ 30分 <ruby>삼십 분<rt>サムシプ プン</rt></ruby> <ruby>반<rt>パン</rt></ruby>

▶▶ 45分 <ruby>사십오 분<rt>サシボ プン</rt></ruby>

●一日の時間・年月日

音声 29

0時   12時   24時

午前 <ruby>오전<rt>オヂョン</rt></ruby> 漢 오전：午前	午後 <ruby>오후<rt>オフ</rt></ruby> 漢 오후：午後

朝 <ruby>아침<rt>アチム</rt></ruby>	昼 <ruby>낮<rt>ナッ</rt></ruby>	夕方 <ruby>저녁<rt>チョニョク</rt></ruby>	晩 <ruby>밤<rt>パム</rt></ruby>

昨日 <ruby>어제<rt>オヂェ</rt></ruby>	今日 <ruby>오늘<rt>オヌル</rt></ruby>	明日 <ruby>내일<rt>ネイル</rt></ruby> 漢 내일：来日

年 ニョン **년** 漢 년：年	月 ウォル **월** 漢 월：月	日 イル **일** 漢 일：日

●月

音声30

1月 イルォル **일월** 漢 일월：一月	2月 イウォル **이월** 漢 이월：二月	3月 サムォル **삼월** 漢 삼월：三月	4月 サウォル **사월** 漢 사월：四月
5月 オウォル **오월** 漢 오월：五月	6月 ユウォル **유월** * 漢 유월：-月	7月 チルォル **칠월** 漢 칠월：七月	8月 パルォル **팔월** 漢 팔월：八月
9月 クウォル **구월** 漢 구월：九月	10月 シウォル **시월** * 漢 시월：-月	11月 シビルォル **십일월** 漢 십일월：十一月	12月 シビウォル **십이월** 漢 십이월：十二月

＊6月と10月は、「육월」「십월」にはならないので注意しましょう。

●曜日

音声31

月曜日 ウォリョイル **월요일** 漢 월요일：月曜日	火曜日 ファヨイル **화요일** 漢 화요일：火曜日	水曜日 スヨイル **수요일** 漢 수요일：水曜日	木曜日 モギョイル **목요일** 漢 목요일：木曜日
金曜日 クミョイル **금요일** 漢 금요일：金曜日	土曜日 トヨイル **토요일** 漢 토요일：土曜日	日曜日 イリョイル **일요일** 漢 일요일：日曜日	

代名詞・助詞

● 指示代名詞

これ イゴッ **이것**	それ クゴッ **그것**	あれ チョゴッ **저것**	どれ オヌゴッ **어느것**
ここ ヨギ **여기**	そこ コギ **거기**	あそこ チョギ **저기**	どこ オディ **어디**
こちらへ イリ **이리**	そちらへ クリ **그리**	あちらへ チョリ **저리**	

● 人称代名詞

私(わたくし) チョ **저**	私・僕(わたし) ナ **나**	私ども(わたくし) チョヒ **저희**	私たち(わたし) ウリ **우리**
あなた タンシン **당신**	あなたたち タンシンドゥル **당신들**	彼 ク/ク サラム **그/그 사람**	彼女 クニョ **그녀**

＊韓国語で上記の「あなた」を使うのは、けんかをする場合や夫婦間などに限られます。

●助詞

音声33

韓国語にも日本語と同じように助詞があります。ただし前の名詞にパッチムがあるか、ないかによって使い分けるものなどがあるので注意しましょう。

助詞	前の名詞にパッチムなし		前の名詞にパッチムあり	
～は	는(ヌン)	私は 저는(チョヌン)	은(ウン)	これは 이것은(イゴスン)
～を	를(ルル)	私を 저를(チョルル)	을(ウル)	これを 이것을(イゴスル)
～が	가(カ)*1	私が 제가(チェガ)	이(イ)	これが 이것이(イゴシ)
～と	와(ワ)	父と母 아버지와 어머니(アボヂワ オモニ)	과(クヮ)	息子と娘 아들과 딸(アドゥルグヮ タル)
～に(方向)	로(ロ)*2	慶州に 경주로(キョンヂュロ)	으로(ウロ)	日本に 일본으로(イルボヌロ)
～で(手段)	로(ロ)*2	バスで 버스로(ポスロ)	으로(ウロ)	手で 손으로(ソヌロ)
～から(出発点) ～で(場所)	에서(エソ)	日本から 일본에서(イルボネソ) *後ろに移動を表す動詞が来る	韓国で	한국에서(ハングゲソ)
～から(人)	에게서(エゲソ)	私から 저에게서(チョエゲソ)		
～から(時間)	부터(ブト)	1時から 한 시부터(ハン シブト)		
～まで (時間・場所)	까지(カヂ)	1時まで 한 시까지(ハン シッカヂ)	ソウルまで	서울까지(ソウルッカヂ)
～に(人・動物以外)	에(エ)	韓国に 한국에(ハングゲ)		
～に(人・動物)	에게(エゲ)	私に 저에게(チョエゲ)		
～も	도(ト)	これも 이것도(イゴット)		
～の	의(エ)	これの 이것의(イゴセ)		

＊1「私が」という場合、「저가(チョガ)」とはならずに「제가(チェガ)」となります。

＊2 パッチムㄹで終わる名詞には例外的に「으로(ウロ)」ではなく、「로(ロ)」がつきます。
　　例：ソウルに 서울로(ソウルロ)

ユーモアあふれる慣用表現

　韓国語も日本語と同様に、ことわざや慣用表現が多く使われる言語です。ここでは体の部位が含まれた慣用表現について、いくつか紹介します。

　日本語にも悩み事があって「頭が痛い」という表現がありますが、韓国語でも「머리가 아프다」（頭が痛い）という表現をします。また、見逃すという意味の「目をつむる」、見識眼が高いことを表す「目が高い」もそのまま「눈을 감다」（目をつむる）、「눈이 높다」（目が高い）と言い、同様の意味で使われます。

　このように共通するものがある一方で、日本語に直訳するとまったく意味が異なる慣用表現も当然あります。例えば、日本語で「人脈が広い」という意味で使われる「顔が広い」は、「얼굴이 넓다」と言っても通じません。韓国語では「발이 넓다」（足が広い）と言います。日本では「くしゃみが出る」と「誰かが自分のことを噂している」と言うことがありますが、韓国ではこういった場合、「귀가 가렵다」（耳がかゆい）と言います。

　また、韓国語の慣用表現は、ユーモア感覚にあふれたものが多いのも特徴です。「どうかしている、見る目がおかしい」と判断力を疑うときには「눈이 삐다」、「理性を失う、目がくらむ」といったときには「눈이 뒤집히다」と言います。これらを直訳すると前者は「目をくじく」、後者は「目がひっくり返る」です。最後にもう一つ、「お腹が痛い」を韓国語で何と言うでしょうか。これはそのまま「배가 아프다」です。ところが、これには慣用表現として別の意味があります。それは「人のことが妬ましい、悔しい」という意味です。「라이벌이 승진해서 배가 아프다（直訳：ライバルが出世して腹が痛い）」というような使い方をします。腹が痛くなるほど悔しくてしょうがないといったところでしょうか。いずれも言い得て妙、ユーモア感覚にあふれた韓国語ならではの表現と言えるでしょう。

第 **3** 章

カタコトフレーズ

「こんにちは」「ありがとう」など、すぐに使えるフレーズを集めました。音声を聴いて、フレーズを書き取りながら練習できます。

こんにちは／さようなら

こんにちは（おはよう、こんばんは）。 漢 안녕하다：安寧ー

アンニョンハセヨ
안녕하세요?

お元気ですか

こんにちは（おはようございます、こんばんは）。

アンニョンハシムニッカ
안녕하십니까?

お元気でいらっしゃいますか

＊目上に対して使うかしこまった言い方。

初めてお目にかかります。

チョウム　ブェプケッスムニダ
처음 뵙겠습니다.

初めて　　　お目にかかります

お会いできてうれしいです。

マンナ　ブェプケ　トゥェソ　パンガプスムニダ
만나 뵙게 돼서 반갑습니다.

お会い　できるようになって　うれしいです

お久しぶりです。

オレガンマニエヨ
오래간만이에요.

久しぶり　　　　　です

お変わりなかったですか？

ピョルリル　オプスショッチョ
별일 없으셨지요?

変わったこと　なかったですよね

＊ n 音の挿入と流音化による変化：별일 → ピョルイル [별닐] ピョルニル → [별릴] ピョルリル

また会いましょう。

또 **만나요.**
_ト　_{マンナヨ}
また　　会いましょう

さようなら（その場から立ち去る人に）。

안녕히 **가세요.**
_{アンニョンイ}　_{カセヨ}
お元気に　　行ってください

さようなら（その場に残る人に）。

안녕히 **계세요.**
_{アンニョンイ}　_{ケセヨ}
お元気で　　いてください

お気をつけてお帰りください。 漢 조심：操心

조심해서 **가세요.**
_{チョシメソ}　_{カセヨ}
気をつけて　行ってください

元気でね（目下の人にのみ）。

잘 **있어요.**
_{チャル}　_{イッソヨ}
よく　　いてください

＊目上に対しては「元気でいてください」という意味で、「안녕히 계세요」を使います。

書きとり 練習

音声を聴いて、ハングルで書いてみましょう。

①こんにちは。　　　　②さようなら（その場に残る人に）。

_____　_____

答え ①안녕하세요？ ②안녕히 계세요.

私は〇〇です／よろしくお願いします

私は小野太郎です。

チョヌン　オノ　タロ　イェヨ
저는 오노 타로예요.
私　は　小野　太郎　です

小野太郎と申します。

チョヌン　オノ　タロ　ラゴ　ハムニダ
저는 오노 타로라고 합니다.
私　は　小野　太郎　(だ)と　言います

*目上に対して使うかしこまった言い方。

名前は何と言いますか？

イルミ　ムォ　ラゴ　ヘヨ
이름이 뭐라고 해요?
名前　が　何　(だ)と　言いますか

お名前は何と言いますか？　漢 성함：姓銜

ソンハミ　オットッケ　トゥェセヨ
성함이 어떻게 되세요?
お名前　が　どのように　なりますか

*目上に対して使うかしこまった言い方。

何歳ですか？

ミョッ　サ　リエヨ
몇 살이에요?
何　歳　ですか

＊韓国では年齢が1歳でも上なら、敬語を使って話すのが正式です。
そのため、初対面の際に相手の年齢を尋ねても失礼にはなりません。

おいくつですか？　漢 연세：年歳

ヨンセガ　オットッケ　トゥェセヨ
연세가 어떻게 되세요?
お年　が　どのように　なりますか

*目上に対して使うかしこまった言い方。

よろしくお願いします。　漢 부탁：付託

잘 부탁드리겠습니다.

チャル　ブタクトゥリゲッスムニダ

よく　　　　　お願いします

自分の名前をハングルで書いてみましょう。

＊下記を参照して自分の名前や地名を書いてみましょう。

ひらがな50音のハングル表記表

「**가/카**」のように併記されているものは、左側が語頭にきたとき、右側が語中にきたときに使う文字を表しています。

あ 아	い 이	う 우	え 에	お 오	が 가	ぎ 기	ぐ 구	げ 게	ご 고
か 가/카	き 기/키	く 구/쿠	け 게/케	こ 고/코	ざ 자	じ 지	ず 즈	ぜ 제	ぞ 조
さ 사	し 시	す 스	せ 세	そ 소	だ 다	ぢ 지	づ 즈	で 데	ど 도
た 다/타	ち 지/치	つ 쓰*3	て 데/테	と 도/토	ば 바	び 비	ぶ 부	べ 베	ぼ 보
な 나	に 니	ぬ 누	ね 네	の 노	ぱ 파	ぴ 피	ぷ 푸	ぺ 페	ぽ 포
は 하	ひ 히	ふ 후	へ 헤	ほ 호					
ま 마	み 미	む 무	め 메	も 모					
や 야		ゆ 유		よ 요					
ら 라	り 리	る 루	れ 레	ろ 로					
わ 와				を 오					

きゃ 가/카	きゅ 규/큐	きょ 교/쿄	ぎゃ 갸	ぎゅ 규	ぎょ 교
しゃ 샤	しゅ 슈	しょ 쇼	じゃ 자	じゅ 주	じょ 조
ちゃ 자/차	ちゅ 주/추	ちょ 조/초	ひゃ 햐	ひゅ 휴	ひょ 효
びゃ 뱌	びゅ 뷰	びょ 뵤	ぴゃ 퍄	ぴゅ 퓨	ぴょ 표
みゃ 먀	みゅ 뮤	みょ 묘	りゃ 랴	りゅ 류	りょ 료

韓国語の平音の「ㄱ, ㄷ, ㅂ, ㅈ」は語頭にきたときは濁らず、語中は必ず濁って発音されるため、語中で濁らない音が必要な場合は激音を使って表記します。「ん」はパッチム（P33参照）の「ㄴ」*1、促音の「っ」はパッチムの「ㅅ」を使います*2。また韓国語には「つ」の音がないため、「つ」は「쓰」を使う*3ので注意しましょう（最近は ㅊ や ㅉ も使われ始めています）。なお、長母音は表記しません*4。

＊1：仙台→센다이（センダイ）　　＊2：鳥取→돗토리（トットリ）

＊3：松本→마쓰모토（マスモト）　＊4：東京→도쿄（トキョ）

書きとり 練習

音声を聴いて、ハングルで書いてみましょう。

音声 37

①お名前は何と言いますか？　　②よろしくお願いします。

_____　　_____

答え ①성함이 어떻게 되세요?（ソンハミ オットッケ トゥェセヨ）　②잘 부탁드리겠습니다.（チャル ブタクトゥリゲッスムニダ）

はい。

네.／예.
ネ／イェ
はい　　はい

・・・・・・・・・・・・・・・・・・・・・・・・・・・・・・・・・・・・・・・

いいえ（違います）。

아니에요.／아뇨.
アニエヨ／アニョ
いいえ　　いいえ

・・・・・・・・・・・・・・・・・・・・・・・・・・・・・・・・・・・・・・・

そうです。

그래요.
クレヨ
そうです

・・・・・・・・・・・・・・・・・・・・・・・・・・・・・・・・・・・・・・・

わかりました。

알았어요.
アラッソヨ
わかりました

・・・・・・・・・・・・・・・・・・・・・・・・・・・・・・・・・・・・・・・

よくわかりません。

잘 모르겠어요.
チャル　モルゲッソヨ
よく　　わかりません

・・・・・・・・・・・・・・・・・・・・・・・・・・・・・・・・・・・・・・・

だめです。

안 돼요.
アン　ドゥェヨ
しない　いいです

・・・・・・・・・・・・・・・・・・・・・・・・・・・・・・・・・・・・・・・

あります。

イッソヨ
있어요.
あります

ありません。

オプソヨ
없어요.
ありません

必要です。　漢 필요하다：必要ー

ピリョヘヨ
필요해요.
必要です

いりません。

ピリョ　**オプソヨ**
필요 없어요.
必要　　ありません

しないでください。

ハヂ　**マセヨ**
하지 마세요.
し　　ないでください

書きとり 練習

音声を聴いて、ハングルで書いてみましょう。

①はい。　　　　　　　②いいえ。

_____　　_____

答え　①**ネ**
네.　②**アニエヨ**
아니에요.

ありがとうございます。 漢 감사하다：感謝ー

감사합니다.
カムサハムニダ

感謝　します

*カムサハムニダ
***감사합니다**のほうがかしこまった言い方です。

・・・

ありがとうございます。

고맙습니다.
コマブッスムニダ

ありがとうございます

・・・

ありがとう。

고마워요.
コマウォヨ

ありがとう

*目下のみに使います。

・・・

本当にありがとうございます。

정말로 고맙습니다.
チョンマルロ　コマブッスムニダ

本当　に　ありがとうございます

・・・

手伝っていただいてありがとうございます。

도와 주셔서 감사합니다.
トワ　ヂュショソ　カムサハムニダ

助けて　いただいて　感謝　します

・・・

先日はありがとうございました。 漢 일전：日前

일전에는 고마웠습니다.
イルッチョネヌン　コマウォッスムニダ

先日　には　ありがとうございました

お世話になりました。

シンセルル　　　マニ　　チョッスムニダ
신세를 많이 졌습니다.
世話　　を　　多く　　受けました

どういたしまして。　漢 천만：千万

チョンマネヨ
천만에요.
どういたしまして

＊目下のみに使います。

どういたしまして。

チョンマネ　　　マルスミムニダ
천만의 말씀입니다.
千万　　の　　お言葉　　です

とてもうれしいです。

チョンマル　　キッポヨ
정말 기뻐요.
本当に　　　うれしいです

こちらこそ。

チョヤマルロヨ
저야말로요.
私　　　　こそ

┌ **書きとり** 練習 ┐

音声を聴いて、ハングルで書いてみましょう。

音声
41

①ありがとうございます。　　②お世話になりました。

_____　_____

カムサハムニダ　　　　シンセルル　マニ　チョッスムニダ
答え ①감사합니다. ②신세를 많이 졌습니다.

ごめんなさい／失礼しました

ごめんなさい。　漢 미안하다：未安ー

ミアナムニダ
미안합니다.
ごめんなさい

申し訳ありません。　漢 죄송하다：罪悚ー

チュェソンハムニダ
죄송합니다.
罪に怖れおののいています

ゆるしてください。　漢 용서하다：容恕ー

ヨンソヘ　　チュセヨ
용서해　주세요.
ご容赦して　　くださいて

すみません。

チャムッカンマンニョ
잠깐만요.
ちょっと待ってください

＊本来は、「ちょっと待ってください」という意味ですが、依頼や呼びかけの際に用いる「ちょっと、すみません」という意味でも使います。

失礼します。　漢 실례하다：失礼ー

シルレハゲッスムニダ
실례하겠습니다.
失礼　　　　します

失礼しました。　漢 실례하다：失礼ー

シルレヘッスムニダ
실례했습니다.
失礼　　　　しました

ご迷惑をおかけしました。 漢 폐：弊

ペルル キチョッスムニダ
폐를 끼쳤습니다.
迷惑　を　　　　及ぼしました

お構いなく。

クェンチャンスムニダ
괜찮습니다.
　　　構わないです

大丈夫です（お構いなく）。何でもありません。

クェンチャナヨ　　アムゴット　　アニエヨ
괜찮아요. 아무것도 아니에요.
大丈夫です。　　　何でも　　ありません

心配しないでください。

コクチョンハヂ　マセヨ
걱정하지 마세요.
　心配し　　　ないでください

気をつかわないでください。 漢 신경：神経

シンギョン　スヂ　マセヨ
신경 쓰지 마세요.
神経　　使わ　ないでください

書きとり 練習

音声を聴いて、ハングルで書いてみましょう。

音声 43

①ごめんなさい。　　　　②申し訳ありません。

_____　　　_____

答え ①미안합니다. ②죄송합니다.
（ミアナムニダ）（チェソンハムニダ）

いただきます／ごちそうさまでした

いただきます。

잘 먹겠습니다.

チャル モッケッスムニダ

よく　　　　食べます

・・

ごちそうさまでした。

잘 먹었습니다.

チャル モゴッスムニダ

よく　　　　食べました

・・

おいしいです。

맛있어요.

マシッソヨ

おいしいです

・・

辛いです。／辛くないです。

매워요. ／안 매워요.

メウォヨ　　　アン　メウォヨ

辛いです　　　ない　辛いです

・・

お腹が空きました。

배고파요.

ペゴパヨ

腹が空いています

・・

食事はしましたか？　　漢 식사：食事

식사는 하셨어요?

シクサヌン　　ハショッソヨ

食事　は　　なさいましたか

・・

食事に行きましょう。

シクサハロ　カプッシダ
식사하러 갑시다.
食事　　しに　　行きましょう

何を注文しましょうか？

ムォル　シキルッカヨ
뭘 시킬까요?
何を　　注文しましょうか

一杯やりましょう。

ハン　ヂャン　ハプッシダ
한 잔 합시다.
一　　杯　　しましょう

お腹がいっぱいです。

ペブルロヨ
배불러요.
腹いっぱいです

もう結構です (断る場合)。

イヂェ　トゥェッスムニダ
이제 됐습니다.
もう　　　よろしいです

書きとり 練習

音声を聴いて、ハングルで書いてみましょう。

音声
45

①いただきます。　　　　　②ごちそうさまでした。

_____　　_____

答え
チャル モッケッスムニダ　　チャル モゴッスムニダ
①잘 먹겠습니다.　②잘 먹었습니다.

第**3**章 カタコトフレーズ

91

ちょっとおうかがいします

ちょっとおうかがいします。

말씀 좀 묻겠습니다.

マルスム　チョム　ムッケッスムニダ

お言葉　　ちょっと　　うかがいます

- -

ここはどこですか？

여기가 어디예요?

ヨギガ　オディイェヨ

ここ　が　どこですか

- -

トイレはどこですか？　　漢 화장실：化粧室

화장실이 어디예요?

ファヂャンシリ　オディイェヨ

化粧室　が　どこですか

- -

日本語はわかりますか？　　漢 일본어：日本語

일본어를 하세요?

イルボノルル　ハセヨ

日本語　を　なさいますか

- -

書きとり 練習

音声を聴いて、ハングルで書いてみましょう。音声 47

①ちょっとおうかがいします。　　②ここはどこですか？

_____　　_____

答え ①말씀 좀 묻겠습니다.　②여기가 어디예요?

マルスム チョム ムッケッスムニダ　ヨギガ　オディイェヨ

第 **4** 章

基本フレーズ

1課ごとに会話で使う基本フレーズを取り上げ、基礎的な文法事項を学んでいきます。その課で出てきた単語で穴埋めして文章を完成させる「おさらい」コーナーと、実践的な会話練習ができる「ミニ会話」で、理解しながら着実に覚えられます。

漢 일본：日本

チョヌン　　　　イルボン　　　　　サラミエヨ

저는 일본 사람이에요.

私　は　　日本　　　人　　　です

「名詞Aは名詞Bだ」という表現です。「名詞A는（은）名詞B 이에요/예요」で表します。「-는」は助詞の「～は」で、名詞Aにパッチムがある場合には「-은」を使います。「-이에요」は「～です」で、名詞Bにパッチムがない場合には「-예요」を使います。「～ですか？」と尋ねる場合には「-이에요？／-예요？」と文の最後に「?」をつけ、文末を上げて発音します。なお、「-이에요／-예요」は「～だ、～である」という意味を表す「이다」のうちとけた感じのていねいな言い方です。

私は小野友紀です。

チョヌン　　オノ　　ユキイェヨ

저는 오노 유키예요.

私　は　　小野　　友紀　　です

彼は会社員です。

漢 회사원：会社員

ク　　サラムン　　　フェサウォニエヨ

그 사람은 회사원이에요.

彼　　　は　　　会社員　　です

彼女は学生ですか？

漢 학생：学生

クニョヌン　　ハクセンイエヨ

그녀는 학생이에요?

彼女　は　　学生　　ですか

おさらい ハングルを書いて文を完成させましょう。

1 私は公務員です。 漢 공무원：公務員

チョ	ヌン	コンムウォ	ニエヨ
저	___	공무원이	에요.
私	は	公務員	です

2 父は医師です。 漢 의사：医師

アボヂ	ヌン	ウィサ	イェヨ
아버지는		의사	___.
父	は	医師	です

3 彼は韓国人ですか？ 漢 한국：韓国

ク	サラムン	ハングゥ	サラ	ミエヨ
그	사람은	한국	사람	___?
彼	は	韓国	人	ですか

答え **1** 는 **2** 예요 **3** 이에요

ミニ 会話

（　　）にあてはまる韓国語を話しましょう。 音声 ⑭⑨

金哲秀：안녕하세요？（こんにちは。）

あなた：（①こんにちは。私は小野友紀です。）

金哲秀：저는 김철수예요. 잘 오셨어요.

（私は金哲秀です。よくいらっしゃいました。）

答え
アンニョンハセヨ　　チョヌン　オノ　ユキイェヨ
①안녕하세요？　저는 오노 유키예요.

俳優ではありません。

漢 배우：俳優

ペウガ アニエヨ

배우가 아니에요.

俳優 （が） ではありません

「名詞Aではありません」という表現です。「名詞A가（이）아니에요」で表します。「−가」は助詞の「〜が」で、名詞Aにパッチムがない場合には「−가」、パッチムがある場合には「−이」を使います。「아니에요」は「〜ではない、違う」という意味を表す「아니다」のうちとけた感じのていねいな言い方です。韓国語では、日本語の「〜ではありません」と言うとき、「〜がではありません」となります。「〜ではないですか？」と尋ねる場合には「아니에요?」と文の最後に「?」をつけ、文末を上げて発音します。

私は医師ではありません。

チョヌン ウィサガ アニエヨ

저는 의사가 아니에요.

私 は 医師 （が） ではありません

◆私の＝내

私のものではありません。

ネ コシ アニエヨ

내 것이 아니에요.

私の もの（が） ではありません

あなたのものでは
ありませんか？

ソンセンニム コシ アニエヨ

선생님 것이 아니에요?

先生様 （の） もの（が） ではありませんか

漢 선생：先生

＊韓国語では名前を知らない人に対して使う「あなた」に当たる正確な言葉はなく、「선생님（先生様）」や「댁（宅）」「그 쪽（そちら）」などでよく代用します。

おさらい　ハングルを書いて文を完成させましょう。

1 私は医師ではありません。

<ruby>저<rt>チョヌン</rt></ruby>는 <ruby>의사가<rt>ウィサガ</rt></ruby> ＿＿＿＿＿＿.
私　は　　医師　（が）　　ではありません

2 あなたのものではありませんか？

<ruby>선생님<rt>ソンセンニム</rt></ruby> <ruby>것이<rt>コシ</rt></ruby> ＿＿＿＿＿＿?
先生様（の）　もの（が）　ではありませんか

3 私のカバンではありません。　◆カバン＝가방

<ruby>내<rt>ネ</rt></ruby> ＿＿＿＿＿＿ <ruby>아니에요<rt>アニエヨ</rt></ruby>.
私の　　カバン　　（が）　　ではありません

答え　**1** 아니에요　**2** 아니에요　**3** 가방이

ミニ会話

（　　）にあてはまる韓国語を話しましょう。　音声 51

金哲秀：선생님 것이 아니에요?

　　　　（あなたのものではありませんか？）

あなた：（①私のものではありません。）

答え　①내 것이 아니에요.

97

第3課 これは何ですか？

イゲ	ムォイェヨ
이게	**뭐예요?**
これが	何　ですか

物について尋ねるときに使う表現です。「이게」は「이것＋이（これ＋助詞「〜が」）」の会話体で、「뭐」は代名詞の「何」です。例文を直訳すると「これが何ですか？」となります。

「誰：누구」「いつ：언제」の疑問表現もあわせて覚えましょう。

＊日本語では「これは」と言うほうが自然ですが、韓国語では「これが」と表現します。それは、韓国語では尋ねるときに、その事柄について存在や何の情報も知らない場合には「−가（−이）」を、存在などを知っていて尋ねる場合などには「−는（−은）」を使うためです。

それは何ですか？

クゲ	ムォイェヨ
그게	**뭐예요?**
それが	何　ですか

◆그게 = (그것 + 이)

彼は誰ですか？

ク	サラムン	ヌグイェヨ
그	**사람은**	**누구예요?**
彼	は	誰　ですか

＊「누구예요」の代わりに尊敬形の「누구세요」という言い方もされます。尊敬表現については第8課（P108）でくわしく学びます。

会議はいつですか？

フェイヌン	オンヂェイェヨ
회의는	**언제예요?**
会議	は　いつ　ですか

漢 회의：会議

おさらい ハングルを書いて文を完成させましょう。

1 これは何ですか？

_{イゲ} _{ムォ} _{イェヨ}
이게 _____ _____?
<u>これが</u> <u>何</u> <u>ですか</u>

2 それは何ですか？

_{クゲ} _{ムォイェヨ}
_____ 뭐예요?
<u>それが</u> <u>何</u> <u>ですか</u>

3 到着はいつですか？ 漢 도착：到着

_{トチャギ} _{オンヂェ} _{イェヨ}
도착이 _____ 예요?
<u>到着</u> <u>が</u> <u>いつ</u> <u>ですか</u>

答え 1 뭐예요　2 그게　3 언제

ミニ 会話

（　　）にあてはまる韓国語を話しましょう。 音声 53

金哲秀： 이게 누구 것이에요?

　　　　（これは誰のものですか？）

あなた：（①私のものです。）

答え ①_ネ 내 _{コシエヨ} 것이에요.

イゴ　　　　　オルマイェヨ
이거 얼마예요?

これ　　いくら　　ですか

物の値段を尋ねるときに使う表現です。「얼마」は「いくら」という意味で、「–예요?（～ですか？）」がついて「いくらですか？」を表します。数詞と一緒に用いられて「1つでいくらですか？」というような言い方をすることもあります。

また「얼마나（いくらぐらい、どのくらい）」の形で、おおまかな金額や数量を尋ねるときにも使います。

*「이거」「그거」は「이것」「그것」の縮約形です。

これ1個でいくらですか？

イゴ　　ハン　　ゲエ　　　オルマイェヨ
이거 한 개에 얼마예요?

これ　　1　　個　に　　いくら　ですか

*「1個でいくら」「1000円で買った」のように個数や値段を表す場合の「～で」は、助詞の「–에（～に）」を使います。

それ全部でいくらですか？

漢 전부：全部

クゴ　　チョンブ　　オルマイェヨ
그거 전부 얼마예요?

それ　　全部　　いくら　ですか

空港までいくらぐらいかかりますか？

漢 공항：空港

コンハンッカヂ　　オルマナ　　トゥロヨ
공항까지 얼마나 들어요?

空港　まで　　いくら　ぐらい　かかりますか

*「들어요」は、「들다（入る、お金がかかる）」のうちとけた感じのていねいな言い方です。「時間がかかる」の場合は「걸리다（かかる）」を使います。

おさらい ハングルを書いて文を完成させましょう。

1 これいくらですか？

イゴ	オルマ	イェヨ
이거	＿＿＿＿＿	＿＿＿＿＿？
これ	いくら	ですか

2 3個でいくらですか？ ◆3個＝세 개

セ	ゲ	エ	オルマイェヨ
＿＿＿	＿＿＿	＿＿＿	**얼마예요?**
3	個	に	いくら ですか

3 それ全部でいくらですか？

クゴ	チョンブ	オルマイェヨ
그거	＿＿＿＿＿	**얼마예요?**
それ	全部	いくら ですか

答え **1** 얼마예요 **2** 세 개에 **3** 전부

ミニ 会話

（　　）にあてはまる韓国語を話しましょう。

店員 ： 봄 블라우스예요. 어때요*? （春のブラウスです。どうですか？）

あなた：（①それはいくらですか？）

店員 ： 20만원이에요.（20万ウォンです。）

＊「어때요」は「어떻다（どのようだ）」のうちとけた感じのていねいな言い方です。

答え ①그거 얼마예요?

漢 매일：毎日　회사：会社

メイル　　　フェサエ　　　カヨ

매일 회사에 가요.

毎日　　　　会社　　　に　　　行きます

第1課（P94）では体言（名詞）に「-예요/-이에요」をつけて「〜です」という表現を学びました。ここでは用言（動詞・形容詞など）の「〜です、〜ます」という、うちとけた感じのていねいな言い方について学びます。作り方は用言の原形（辞書に載っている形）から語尾の「다」を取ったもの（語幹）に「-아요/-어요（です、ます）」をつけます。語幹の最後の母音が「ㅏ,ㅑ,ㅗ」の場合は「-아요」を、それ以外の場合は「-어요」をつけます。「하다用言」の場合は「-해요」という形になります。文の最後に「?」をつけて文末を上げて言うと、疑問文になります。

毎日学校に行きます。

漢 학교：学校

メイル　　ハクッキョエ　　カヨ

매일 학교에 가요.

毎日　　　学校　　に　　行きます

가다（行く）に「-아요」がついた形です。
語幹の「가」の「ㅏ」と「아요」の「아」の音が同化して一つ省略され、「가요」となります。パッチムのない用言（母音語幹用言）では、このような母音の同化や複合が起こる（P105参照）ものがあります。

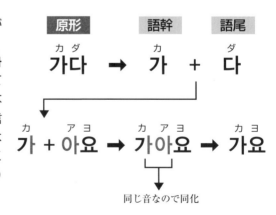

停留所にバスが止まります。

漢 정류장:停留場　外 버스:bus

チョンニュヂャンエ　ポスガ　ソヨ
정류장에 버스가 서요.
停留場　に　バス　が　止まります

서다（止まる、立つ）に「-어요」がついた形です。
語幹の「서」の「ㅓ」と「어요」の「어」が同化して、「어」の音が一つ省略され「서요」となります。

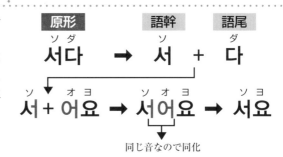

原形	語幹	語尾
ソダ	ソ	ダ
서다	→ 서 +	다

ソ　オヨ　ソオヨ　ソヨ
서 + 어요 → 서어요 → 서요

同じ音なので同化

韓国語を勉強します。

漢 한국어:韓国語　공부하다:工夫ー

ハングゴルル　コンブヘヨ
한국어를 공부해요.
韓国語　を　勉強します

공부하다（勉強する）は「-하다」という形の用言なので「공부해요」となっています。

おさらい　ハングルを書いて文を完成させましょう。

1 地下鉄に乗ります。　漢 지하철:地下鉄　◆乗る＝타다

チハチョルル　　　　　タヨ
지하철을 ＿＿＿＿＿.
地下鉄　を　　乗ります

---

2 飛行機が出発します。　漢 비행기:飛行機　◆出発する＝출발하다（漢 出発ー）

ピヘンギガ　　　　チュルバレヨ
비행기가 ＿＿＿＿＿.
飛行機　が　　出発します

答え **1** 타요　**2** 출발해요

漢 일요일：日曜日　영화：映画

イリョイレ　　　　ヨンファルル　　プゥヨ

일요일에 영화를 봐요.

日曜日　　に　　映画　　を　　見ます

第５課（P102）では用言（動詞・形容詞など）の文の作り方と、その
ときに母音の「아/어」が省略される例について学びました。この課で
は引き続き、母音語幹の用言に「-아요/-어요」がついたときに母音が
複合して異なる音になるものと、パッチムのある用言の場合の、うちと
けた感じのていねいな言い方について学びます。

なお、文の最後に「?」をつけて文末を上げて言うと、疑問文になります。

日曜日に演劇を見ます。

漢 연극：演劇

イリョイレ　　　　ヨンググル　　プゥヨ

일요일에 연극을 봐요.

日曜日　　に　　演劇　　を　　見ます

보다（見る）に「-아요」が
ついた形です。
語幹の最後の母音が「ㅗ」
と「ㅏ」が重なると「ㅘ」の
音になる規則があるため、
「보다」は「봐요」となります。

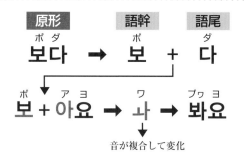

原形	語幹	語尾
ポ ダ 보다 →	ポ 보 +	ダ 다

ポ　　ア ヨ　　　　ワ　　　プゥ ヨ
보 + 아요 → ㅘ → 봐요

音が複合して変化

---

*この「-아요/-어요」がついたときに母音が複合して音が変化する例は、先に挙
げたもののほかにもあります。第５課（P102）の母音の同化とともに次ページ
に表でまとめたので、少しずつ覚えて慣れていきましょう。

●うちとけた感じのていねいな言い方の作り方

語幹の最後の母音が「ㅏ, ㅑ, ㅗ」の場合は「-아요」を、それ以外の場合は「-어요」をつけます。母音語幹の場合は同化と複合が起こり、子音語幹の場合はパッチムと次の母音とが結びつきます。

		用言の例	語幹の最後の母音	接続する語尾	変化の過程
母音語幹用言	同化	가다 (行く)	ㅏ	-아요	가 + -아요 → 가아요 → 가요 (行きます)
		서다 (止まる、立つ)	ㅓ	-어요	서 + -어요 → 서어요 → 서요 (止まります、立ちます)
	複合	보다 (見る)	ㅗ	-아요	보 + -아요 → 봐요 (見ます)
		주다 (与える、くれる)	ㅜ	-어요	주 + -어요 → 줘요 (与えます、くれます)
		마시다 (飲む)	ㅣ	-어요	마시 + -어요 → 마셔요 (飲みます)
		켜다 (灯す、点ける)	ㅕ	-어요	켜 + -어요 → 켜요 (灯します、点けます)
		보내다 (送る)	ㅐ	-어요	보내 + -어요 → 보내요 (送ります)
		세다 (数える)	ㅔ	-어요	세 + -어요 → 세요 (数えます)
		되다 (できる、なる)	ㅚ	-어요	되 + -어요 → 돼요 (できます、なります)
子音語幹用言	連音化	높다 (高い)	ㅗ	-아요	높 + -아요 → 높아요 (高いです)
		알다 (知る、わかる)	ㅏ	-아요	알 + -아요 → 알아요 (知っています、わかります)
		적다 (少ない)	ㅓ	-어요	적 + -어요 → 적어요 (少ないです)

＊動詞・形容詞には、不規則に活用するものもあります。それについては巻末の資料（P142〜143）を確認してください。

第4章 基本フレーズ

105

漢 주말：週末　시간：時間

チュマレ　　シガニ　　　イッソヨ
주말에 시간이 있어요?
週末　に　　時間　が　　ありますか

事物や人の有無の表現について学びます。事物や人が存在する場合は「**있다**：ある（いる）」を、存在しない場合は「**없다**：ない（いない）」を使います。これらを存在詞といい、「名詞 **가（이）있다／없다**」という構文で有無を表現します。上記の文のようにうちとけた感じのていねいな言い方にする場合は、「**있다／없다**」の語尾の「**다**」を取って語幹に「**–어요**」をつけ、「**있어요／없어요**」で表します。
なお、文の最後に「?」をつけて文末を上げて言うと、疑問文になります。

部屋に人がいます。

漢 방：房

パンエ　　サラミ　　イッソヨ
방에 사람이 있어요.
部屋 に　　人　が　　います

朝は時間がありません。

アチムン　　シガニ　　オプソヨ
아침은 시간이 없어요.
朝　　は　　時間　が　　ありません

切符はありますか？

漢 표：票

ピョガ　　イッソヨ
표가 있어요?
切符 が　　ありますか

＊ 会話では韓国語も日本語と同じように助詞が省略される場合が多く、「**표 있어요?**（切符ありますか？）」と言う場合もあります。

| おさらい | ハングルを書いて文を完成させましょう。 |

1 日曜日に時間はありますか？　漢 일요일: 日曜日

<table>
<tr><td>イリョイレ</td><td></td><td>シガニ</td><td></td><td>イッソヨ</td></tr>
<tr><td>일요일에</td><td></td><td>_____</td><td></td><td>있어요?</td></tr>
<tr><td>日曜日</td><td>に</td><td>時間</td><td>が</td><td>ありますか</td></tr>
</table>

2 今日はお金がありません。

<table>
<tr><td>オヌルン</td><td></td><td>トニ</td><td></td><td>オプソヨ</td></tr>
<tr><td>오늘은</td><td></td><td>돈이</td><td></td><td>_____.</td></tr>
<tr><td>今日</td><td>は</td><td>お金</td><td>が</td><td>ありません</td></tr>
</table>

3 恋人はいますか？　漢 애인: 愛人

<table>
<tr><td>エイニ</td><td></td><td>イッソヨ</td></tr>
<tr><td>애인이</td><td></td><td>_____?</td></tr>
<tr><td>恋人</td><td>が</td><td>いますか</td></tr>
</table>

答え　**1** 시간이　**2** 없어요　**3** 있어요

- -

ミニ 会話

（　　）にあてはまる韓国語を話しましょう。　音声 **59**

金哲秀：주말에 시간이 있어요?（週末に時間はありますか？）

あなた：（①はい、あります。）

金哲秀：그럼, 같이 영화를 봐요.

　　　　（それじゃあ、一緒に映画を見ましょう。）

- -

答え　①네, 있어요.
ネ　イッソヨ

漢 지금：只今　시간：時間

チグム　　　シガニ　　　　　クェンチャヌセヨ

지금 시간이 괜찮으세요?

今　　　　時間　　が　　大丈夫でいらっしゃいますか

尊敬の表現について学びます。作り方は語幹に「−세요」をつけます。これは尊敬の語尾「−시−」と前課までに習ったうちとけた感じのていねいな言い方を表す「−어요」が複合した特別な形です。語幹にパッチムがある場合は「−으세요」をつけます。例文は「괜찮다（大丈夫、構わない）」に「−으세요」がついたものです。

なお、文の最後に「?」をつけて文末を上げて言うと、疑問文になります。

どちらに行かれますか？

オディ　　カセヨ

어디 가세요?

どこに　　行かれますか

お父様が新聞を
読まれます。

漢 신문：新聞

アボニムケソ　　　　シンムヌル　　　イルグセヨ

아버님께서 신문을 읽으세요.

お父様　　　が　　　新聞　を　　　読まれます

＊「아버님」は「아버지」の、「−께서」は「−가/−이（〜が）」の尊敬形。「읽다（読む）」は語幹にパッチムがあるので「−으세요」をつけます。韓国語では身内でも目上には敬語を使います。

日本語がわかりますか？

漢 일본어：日本語

イルボノルル　　　アセヨ

일본어를 아세요?

日本語　　を　　知っていらっしゃいますか

＊「알다（わかる、知っている）」に「−세요」がついた形です。パッチムㄹを伴う用言はㄹ語幹用言と呼ばれ、母音語幹と同じように扱われます。そのため「−으세요」ではなく、「−세요」がついています。そして「−세요」がつくとㄹは落ちてしまいます。

おさらい　ハングルを書いて文を完成させましょう。

1 お宅はどちらですか？　漢 댁：宅

*「−이에요／−예요（〜です）」の尊敬の形は「−이세요／−세요」です。

テギ　　　　オディ　　　　　セヨ
댁이 어디 ＿＿＿＿ ?
お宅　が　　　　　どこですか

2 私の家に来てください。　◆来る＝오다

*「−세요」には尊敬の意を表すほかに、「〜してください」と相手にていねいに命令したり、お願いしたりする意味もあります。

ウリ　　　チベ　　　　　　　オ　　　　セヨ
우리 집에 ＿＿＿＿ 세요.
私たちの　家　に　　　　来てください

答え　1 세요　　2 오

*尊敬の形を作るには語幹に「−세요」をつければよいと説明しましたが、いくつかの動詞は「−세요」をつけずに、他の尊敬語を使うことで尊敬の意を表す場合があります。

モッタ 　　　　　　　 マシダ 　　　　　 トゥシダ 　　　　　　　　 トゥセヨ
먹다（食べる）、마시다（飲む）→ 드시다（召し上がる）→ 드세요

チャダ 　　　　　 チュムシダ 　　　　　　　　　 チュムセヨ
자다（寝る）→ 주무시다（お休みになる）→ 주무세요

イッタ 　　　　 ケシダ 　　　　　　　　　　　 ケセヨ
있다（いる）→ 계시다（いらっしゃる）→ 계세요

オプタ 　　　　　 アン ゲシダ 　　　　　　　　　　　　 アン ゲセヨ
없다（いない）→ 안 계시다（いらっしゃらない）→ 안 계세요

チュクタ 　　　　 トラガシダ
죽다（死ぬ）→ 돌아가시다（お亡くなりになる）→ 尊敬形の現在形はなし

ミニ 会話

（　　）にあてはまる韓国語を話しましょう。　音声 61

金哲秀の父： 잘 있어?（こんにちは。）

あなた 　　 ：（①はい、こんにちは。どちらに行かれますか？）

金哲秀の父： 회사에 가.（会社に行くんだよ。）

ネ　アンニョンハセヨ　　オディ　カセヨ
答え　①네, 안녕하세요? 어디 가세요?

コギエヌン　　　アン　　ガヨ

거기에는 안 가요.

そこ　　　　には　　しない　　行きます

否定文の作り方について学びます。作り方は語幹の前に「안」をつける方法と、語幹に「−지 않다」をつける方法の２つがあります。「−지 않다」に「−아요」をつけて「−지 않아요」にすると、うちとけた感じのていねいな言い方になります。会話体では「안」をつけるほうがよく使われます。ただし、**공부하다**（勉強する）のような漢字語＋하다の用言の場合は「안 공부하다」にはならず「공부하지 않다」もしくは「공부 안 하다」の形になります。

なお、文の最後に「?」をつけて文末を上げて言うと、疑問文になります。

この列車は新村に行きません。

漢 열차：列車

イ　　ヨルチャヌン　シンチョネ　アン　ガヨ

이 열차는 신촌에 안 가요.

この　　列車　　は　　新村　　に　しない　行きます

まだバスが来ません。

アヂク　　　　ポスガ　　　　アヌワヨ

아직 버스가 안 와요.

まだ　　　　バス　　が　しない　来ます

気分が良くないですか？

キブニ　　　アン　　ヂョアヨ

기분이 안 좋아요?

気分　　が　しない　よいですか

ハングルを書いて文を完成させましょう。

＊「−께서는」は「−는（〜は）」の尊敬形です。

1 社長は会社にいらっしゃいません。　漢 사장: 社長　회사: 会社

サヂャンニムケソヌン　　フェサエ　　アン　　ゲセヨ

사장님께서는 회사에 _____ 계세요.

社長様　　　は　　　会社　に　　しない　いらっしゃいます

2 彼は来ません。

ク　サラムン　オヂ　　アナヨ

그 사람은 오 _____ _____.

彼　　　は　　来　　　　ません

3 もう食べませんか？

イヂェ　アン　モゴヨ

이제 _____ 먹어요?

もう　　しない　食べますか

答え **1** 안　**2** 지 않아요　**3** 안

ミニ 会話

（　　）にあてはまる韓国語を話しましょう。

音声 63

金哲秀：이동건 씨는 왔어요?

　　　　（イ・ドンゴンさんは来ましたか？）

あなた：（①来ません。）

オヂ　アナヨ
答え ①오지 않아요.

111

そのドラマを見ました。

外 드라마：drama

ク　　　　　ドゥラマルル　　　　プヮッソヨ

그 드라마를 봤어요.

その　　　　ドラマ　　　　を　　　　見ました

過去の表現について学びます。作り方は語幹に「−았어요／−었어요」
をつけます。語幹の最後の母音が「ㅏ，ㅑ，ㅗ」の場合は「−았어요」を、
それ以外の場合は「−었어요」をつけます。「하다用言」の場合は
「−했어요」という形になります。また第5課（P102）、第6課
（P104）で学んだ母音の同化や複合も同じように起こるので少しず
つ慣れていきましょう。
文の最後に「?」をつけて文末を上げて言うと、疑問文になります。

映画の DVD を
買いました。

漢 영화：映画

ヨンファ ディブイディルル　　サッソヨ

영화 DVD를 샀어요.

映画　　　　DVD　　　を　　　買いました

＊「사다（買う）」の語幹に「−았어요」がついた形です。「사＋았어요」→「샀어요」となっています。

ドラマは
面白かったです。

◆面白い＝재미있다

トゥラマヌン　　　　チェミイッソッソヨ

드라마는 재미있었어요.

ドラマ　　　は　　　　面白かったです

＊「재미있다（面白い）」の語幹に「−었어요」がついた形です。

彼女を愛していました。

クニョルル　　　サランヘッソヨ

그녀를 사랑했어요.

彼女　　　を　　　　愛していました

＊「사랑하다（愛する）」が過去形になった形です。하다用言なので、「−했어요」という形になります。

おさらい　ハングルを書いて文を完成させましょう。

1 友達からメールを受け取りました。
◆受け取る、もらう＝받다
漢 친구：親旧　外 메일：mail

<small>チングエゲソ</small> <small>メイルル</small> <small>パダッソヨ</small>
친구에게서 메일을 받　　　　.
友達　　　から　　　メール　を　　受け取りました

2 日本から来ました。

<small>イルボネソ</small> <small>ワッソヨ</small>
일본에서 　　　　　.
日本　　　から　　　来ました

3 彼は私の恋人でした。　漢 애인：愛人
*「이에요（～です）」の原形は「이다（～だ）」です。
これに「-었어요」をつけた形です。

<small>ク</small> <small>サラムン</small> <small>ネ</small> <small>エイニオッソヨ</small>
그 사람은 내 애인　　　　　.
彼　　　は　　私の　恋人　　　でした

答え **1** 았어요　**2** 왔어요　**3** 이었어요

ミニ 会話

（　　）にあてはまる韓国語を話しましょう。

金哲秀：그 사람에게서　연락이 왔어요?

（彼から連絡は来ましたか？）

あなた：（①ええ、昨日電話が来ました。）

金哲秀：그럼 다행이네요. （それはよかったです。）

答え <small>ネ オチェ チョヌッガ ワッソヨ</small>
①네, 어제 전화가 왔어요.

音声 66

漢 한국어：韓国語　공부하다：工夫ー

ハングゴルル　　　　チョアヘソ　　　　コンブヘヨ

한국어를 좋아해서 공부해요.

韓国語　　を　　　　好きで　　　　　勉強します

「〜で〜、〜して〜」など後続の文の原因や理由を表す場合、語幹に「－아서／－어서」をつけます。「〜だから〜する」という文型と考えると理解しやすいでしょう。語幹の最後の母音が「ㅏ，ㅑ，ㅗ」の場合は「－아서」を、それ以外の場合は「－어서」をつけます。「하다用言」の場合は「－해서」という形になります。また第5課（P102）、第6課（P104）で学んだ母音の同化や複合も同じように起こるので少しずつ慣れましょう。

問題が多くて大変です。

漢 문제：問題

ムンヂェガ　　　マナソ　　　ヒムドゥロヨ

문제가 많아서 힘들어요.

問題　が　　多くて　　　苦労します

風邪をひいて
熱が出ました。

漢 감기：感気　　열：熱

カムギガ　　トゥロソ　　ヨリ　　ナッソヨ

감기가 들어서 열이 났어요.

風邪　が　　入って　　熱　が　　出ました

彼が嫌いで
会いませんでした。

ク　サラムル　　シロヘソ　　アン　マンナッソヨ

그 사람을 싫어해서 안 만났어요.

彼　　を　　　嫌いで　　　しない　会いました

＊「〜が好きだ」「〜が嫌いだ」と言う場合、韓国語では「－를／－을 좋아하다」「－를／－을 싫어하다」のように助詞は「〜が（－가／－이）」ではなく、「〜を（－를／－을）」で接続するので注意しましょう。

114

1 失恋して胸が痛いです。 漢 실연하다：失恋 −

*「**아프다**（痛い）」は、**아파요**（痛いです）、**아파서**（痛くて）というように特別な形になります（P142〜143 参照）。

シリョネソ
실연 ＿＿＿＿＿＿
失恋して

マウミ
마음이
心　　　が

アパヨ
아파요.
痛いです

2 雰囲気が格好よくて好きです。 漢 분위기：雰囲気 ◆格好よい＝멋지다

プヌィギガ
분위기가
雰囲気　　が

モッチョソ
멋 ＿＿＿＿＿
格好よくて

チョアヨ
좋아요.
好きです

3 銀行に行ってお金を下ろします。 漢 은행：銀行

*「−아서／−어서」には「〜して〜する」という後続する事柄を実現するために先行する動作を表す場合にも使います。この文は「お金を引き出すために銀行に行く」という先行する動作を表しています。

ウネンエ
은행에 ＿＿＿＿＿
銀行　　へ　　　行って

トヌル
돈을
お金　を

チャヂャヨ
찾아요.
引き出します

答え **1** 해서　　**2** 져서　　**3** 가서

ミニ 会話

（　　）にあてはまる韓国語を話しましょう。

音声 67

金哲秀： 감기 들었어요.（風邪をひきました。）

あなた：（①風邪をひいて熱が出ましたか？）

金哲秀： 열은 안 났어요. 기침이 심했어요.

（熱は出ませんでした。咳がひどかったです。）

カムギガ　トゥロソ　ヨリ　ナッソヨ
答え ①감기가 들어서 열이 났어요?

漢 청취하다：聴取ー

シディルル　チョンチュイハル　ス　イッソヨ

CD를 청취할 수 있어요?

CD　を　　　　　　　　　試聴できますか

可能・不可能を表す表現です。「語幹＋ーㄹ／ー을　수　있다」で「〜できる（可能）」を、「語幹＋ーㄹ／ー을　수　없다」で「〜できない（不可能）」を表します。語幹にパッチムがある場合は「ー을」、ない場合は「ーㄹ」で接続されますが、ㄹ語幹の用言は、パッチムの「ㄹ」が脱落して「ーㄹ　수　있다／없다」が接続されます。文の最後に「?」をつけて文末を上げて言うと、疑問文になります。また、発音するときは「수」の音は、必ず「쑤」と、濃音で発音します。

部屋で食事が
できますか？

漢 방：房　식사：食事

パンエソ　シクサルル　ハル　ス　イッソヨ

방에서 식사를 할 수 있어요?

部屋　で　　食事　を　　　　　できますか

＊ 하다（する）の語幹に「ーㄹ　수　있다」がついた形です。

喉が痛くて
食べられません。

モギ　アパソ　モグル　ス　オプソヨ

목이 아파서 먹을 수 없어요.

喉　が　痛くて　　　　食べられません

＊ 먹다（食べる）の語幹に「ー을　수　없다」がついた形です。「아파서（痛くて）」は、아프다（痛い）に第11課で出てきた（理由・原因）を表す「ー아서／ー어서（〜て）」がついた形です。

1カ月で500万ウォン
を稼げます。

ハン　ダレ　オベンマヌォヌル　ポル　ス　イッソヨ

한 달에 500만원을 벌 수 있어요.

1　カ月に　500万ウォン　を　　　　稼げます

＊「벌다（稼ぐ）」の語幹に「ーㄹ　수　있다」がついた形です。

1 一緒に行けませんか？ ◆行く＝가다

<table>
<tr><td>カッチ</td><td>カル</td><td>ス</td><td>オプソヨ</td></tr>
<tr><td>같이</td><td>____ 수</td><td></td><td>없어요?</td></tr>
<tr><td>一緒に</td><td colspan="3">行けませんか</td></tr>
</table>

2 彼は信じられます。 ◆信じる＝믿다

<table>
<tr><td>ク</td><td>サラムン</td><td>ミドゥル</td><td>ス</td><td>イッソヨ</td></tr>
<tr><td>그</td><td>사람은</td><td>믿을</td><td>수</td><td>____ .</td></tr>
<tr><td>彼</td><td>は</td><td colspan="3">信じられます</td></tr>
</table>

3 彼を忘れられません。 ◆忘れる＝잊다

<table>
<tr><td>ク</td><td>サラムル</td><td>イヂュル</td><td>ス</td><td>オプソヨ</td></tr>
<tr><td>그</td><td>사람을</td><td>잊을</td><td>수</td><td>____ .</td></tr>
<tr><td>彼</td><td>を</td><td colspan="3">忘れられません</td></tr>
</table>

答え **1** 갈 **2** 있어요 **3** 없어요

ミニ会話

( )にあてはまる韓国語を話しましょう。

金哲秀： 같이 저녁 식사를 합시다. （一緒に夕食をしましょう。）

あなた：（①はい。お酒は飲めますか？） ◆酒＝술　飲む＝마시다

金哲秀： 물론이지요. 술도 마십시다.

　　　　（もちろんですよ。お酒も飲みましょう。）

答え ネ スルン マシル ス イッソヨ
①네, 술은 마실 수 있어요? ＊－ㅂ시다/읍시다は、「～しましょう」と相手を勧誘するときに使われる語尾です。

このCDをください。

イ　　　　シディルル　　　　ヂュセヨ

이 CD를 주세요.

| この | CD | を | ください |

「～ください／～してください」と、相手に依頼する表現です。「～を
ください」と物をくれるように依頼する文は、「名詞를（을）주세요」
で表します。「～してください」と動作を依頼する文は、「用言＋아／
어 주세요」で表します。このとき語幹の最後の母音が「ㅏ, ㅑ, ㅗ」の
場合は「-아 주세요」、それ以外の場合は「-어 주세요」を接続します。
また、「하다用言」の場合は「-해 주세요」という形になります。

その CD も一緒に
ください。

ク　シディド　カッチ　ヂュセヨ
그 CD도 같이 주세요.
その　CD　も　一緒に　ください

日本に小包を
送ってください。

漢 소포：小包

イルボネ　　ソポルル　　ポネ　　ヂュセヨ
일본에 소포를 보내 주세요.
日本　に　小包　を　送ってください

もう少し安くして
ください。

チョム　ド　カッカ　ヂュセヨ
좀 더 깎아 주세요.
少し　もう　削ってください

おさらい　ハングルを書いて文を完成させましょう。

1 パスポートを見せてください。　漢 여권：旅券　◆見せる＝보이다

ヨックオヌル　　　ポヨ　　　　ヂュセヨ
여권을　　　　　주세요.
旅券　を　　　　見せてください

---

2 ゆっくりおっしゃってください。　　　＊「말씀하다」は말하다（言う）の尊敬語です。
　　　　　　　　　　　　　　　　　　◆おっしゃる＝말씀하다

チョンチョニ　　　マルスメ　　　ヂュセヨ
천천히　　　　　주세요.
ゆっくり　　　　話してください

---

3 私の家に来てください。　◆来る＝오다

ウリ　　　チベ　　　ワ　　　ヂュセヨ
우리　집에　　　　주세요.
私たちの　家　に　　　来てください

答え　**1** 보여　**2** 말씀해　**3** 와

--- ミニ 会話 ----------------------------------

（　　）にあてはまる韓国語を話しましょう。

音声71

店員　　：어서 오십시오. （いらっしゃいませ。）

あなた：（①この CD をください。）

店員　　：네, 알겠습니다. 여기 있습니다. （はい、わかりました。どうぞ。）

＊「여기 있습니다」は商品を手渡すときの言葉としてよく使われます。直訳すると「ここにあります」の意味ですが、「（ここ
にあります。）どうぞお持ちください」の意味で使われます。

イ　シディルル　チュセヨ
答え　①이 CD를 주세요.

韓国の祝祭日と年中行事

　韓国では伝統的な行事は旧暦で祝います。旧暦の場合は毎年、日にちが変わります。韓国の祝祭日と年中行事について紹介します。

行　事	暦	概　要
新正月 シンヂョン 신정	1月1日	韓国では正月を旧暦で祝うのが一般的なため新正月は1日だけが休みとなります。
旧正月 クヂョン(ソル) 구정(설)	旧暦1月1日	旧暦の1月1日をはさんで前後合わせて3日が休みとなります。人々は故郷に帰り、元日には차례（茶礼）と呼ばれる先祖をまつる法事、성묘（墓参り）、両親への新年の挨拶などをします。餅を食べ、子供たちにお年玉を渡す習慣もあります。
三一節 サミルチョル 삼일절	3月1日	1919年3月1日に起こった万歳独立運動を記念する祝日。
勤労者の日 クルロヂャエ　ナル 근로자의 날	5月1日	メーデー。会社、公共機関は基本的に休みになります。
こどもの日 オリニナル 어린이날	5月5日	こどもの日。
釈迦誕辰日 ソッカタンシニル 석가탄신일	旧暦4月8日	釈迦の誕生を祝う祝日です。寺にはたくさんの提灯が飾られます。
顕忠日 ヒョンチュンニル 현충일	6月6日	愛国者や戦没した軍人、警官を追悼する祝日。
制憲節 チェホンヂョル 제헌절	7月17日	憲法記念日。
光復節 クヮンボッヂョル 광복절	8月15日	1945年8月15日に日本の植民地支配から解放されたことを記念する祝日。
秋夕（旧盆） チュソク 추석	旧暦8月15日	旧正月と端午の節句と並ぶ名節。人々は故郷へ戻り、茶礼、墓参り、両親への挨拶を行い、一年の豊作を感謝します。
開天節 ケチョンヂョル 개천절	10月3日	建国記念日。紀元前2333年に檀君によって古代朝鮮が建国されたことを記念する祝日。
ハングルの日 ハングルラル 한글날	10月9日	1446年10月9日にハングルが公布されたことを記念する祝日。
聖誕節／クリスマス ソンタンヂョル　クリスマス 성탄절／크리스마스	12月25日	韓国にはキリスト教徒が多いため祝日となります。

＊5月8日の父母の日「어버이날」、5月15日の先生の日「스승의 날」には両親やお世話になっている
　先生に感謝の意を表す贈り物をします。

第5章

入れ替えフレーズ

第4章で学んだ基本フレーズを復習しな
がら、旅行などでも使える表現を学んで
いきます。単語を入れ替えて覚えれば、
表現がぐっと広がります。

◆来週＝다음(次、次の)　漢 주：週

タウムチュエ　　　　　ソウレ　　　　　カヨ

다음주에　서울에　가요.

来週　　　に　　ソウル　　に　　行きます

第4章の第5、6課（P102〜105）で学んだ動詞の「〜ます」を使って文を作ってみましょう。文の作り方は、語幹の最後の母音が「ト，ヤ，ㅗ」の場合は「-아요」を、それ以外の場合は「-어요」をつけます。「하다用言」の場合は「-해요」という形にします。過去形にするときは「-아요／-어요」の代わりに「-았어요／-었어요」を、「하다用言」の場合は「-해요」の代わりに「-했어요」をつけます。

「-아요／-어요」「-았어요／-었어요」を使った表現

行く カダ	来る オダ	買う サダ
가다	**오다**	**사다**
行きます カヨ / 行きました カッソヨ	来ます ワヨ / 来ました ワッソヨ	買います サヨ / 買いました サッソヨ
가요 **갔어요**	**와요** **왔어요**	**사요** **샀어요**

見る ポダ	飲む マシダ	食べる モクタ
보다	**마시다**	**먹다**
見ます ブァヨ / 見ました ブァッソヨ	飲みます マショヨ / 飲みました マショッソヨ	食べます モゴヨ / 食べました モゴッソヨ
봐요 **봤어요**	**마셔요** **마셨어요**	**먹어요** **먹었어요**

聞く トゥッタ	書く スダ	言う マラダ
듣다＊	**쓰다**＊	**말하다**
聞きます トゥロヨ / 聞きました トゥロッソヨ	書きます ソヨ / 書きました ソッソヨ	言います マレヨ / 言いました マレッソヨ
들어요 **들었어요**	**써요** **썼어요**	**말해요** **말했어요**

＊ 変則用言（P142〜143参照）。

1 来週韓国へ行きます。

タウムチュ　　ハングゲ　　　　カヨ

다음주 한국에 _____.

来週　　韓国　に　　行きます

2 私は日本から来ました。

チョヌン　　イルボネソ　　　　ワッソヨ

저는 일본에서 _____.

私　は　　日本　から　　来ました

3 東大門市場で土産を買います。　漢 시장：市場　선물：膳物

トンデムンシヂャンエソ　　　ソンムルル　　サヨ

동대문시장에서 선물을 _____.

東大門市場　　で　　土産　を　　買います

4 貞洞劇場で公演を見ます。　漢 극장：劇場　공연：公演

チョンドンクッチャンエソ　　コンヨヌル　　プヮヨ

정동극장에서 공연을 _____.

貞洞劇場　　で　　公演　を　　見ます

5 コンサートに行って歌を聞きます。　外 콘서트：concert

コンソトゥエ　　カソ　　ノレルル　　トゥロヨ

콘서트에 가서 노래를 _____.

コンサート　に　　行って　歌　を　　聞きます

6 そのことは電話で言いました。　漢 전화：電話

ク　　イルン　　チョヌァロ　　マレッソヨ

그 일은 전화로 _____.

その　こと　は　　電話　で　　言いました

答え **1** 가요　**2** 왔어요　**3** 사요

　　　 4 봐요　**5** 들어요　**6** 말했어요

第5章 入れ替えフレーズ

123

漢 방:房 예약하다:予約—

パンウル　　イェヤクカ　ゴ　　　　シプンデヨ

방을 예약하고 싶은데요.

部屋　を　　　　予約し　　　　たいのですが

願望を伝えるときに使う「〜したいのですが」という表現です。文の作り方は、動詞の語幹にそのまま「**-고 싶은데요**」をつけます。これは、「**-고 싶다**（〜したい）」という願望を表す表現と、「**-는데요／-은데요／-ㄴ데요**（〜なのですが）」という婉曲表現が組み合わさったものです。「〜したいです」と、はっきり伝えるときは「**예약하고 싶어요.**（予約したいです）」のように「**-고 싶어요**」を使います。

「**-고 싶은데요**」を使った表現

行く　カダ	見る　ポダ	飲む　マシダ
가다	**보다**	**마시다**
行きたいのですが	見たいのですが	飲みたいのですが
カゴ　シプンデヨ	ポゴ　シプンデヨ	マシゴ　シプンデヨ
가고 싶은데요	**보고 싶은데요**	**마시고 싶은데요**

食べる　モクタ	会う　マンナダ	取り消す　チュイソハダ
먹다	**만나다**	**취소하다**
食べたいのですが	会いたいのですが	取り消したいのですが
モックッコ　シプンデヨ	マンナゴ　シプンデヨ	チュイソハゴ　シプンデヨ
먹고 싶은데요	**만나고 싶은데요**	**취소하고 싶은데요**

電話する　チョヌヮハダ	尋ねる　ムッタ	知る　アルダ
전화하다	**묻다***	**알다***
電話したいのですが	尋ねたいのですが	知りたいのですが
チョヌヮハゴ　シプンデヨ	ムッコ　シプンデヨ	アルゴ　シプンデヨ
전화하고 싶은데요	**묻고 싶은데요**	**알고 싶은데요**

＊ 変則用言（P142 〜143 参照）。

1 航空券を予約したいのですが。　漢 항공권：航空券

ハンゴンクォヌル　　　イェヤッカ　ゴ　　シプンデヨ
항공권을 _____ 고 싶은데요.

航空券　　を　　　予約し　　　たいのですが

2 慶州に行きたいのですが。　漢 경주：慶州

キョンヂュエ　　カ　ゴ　　シプンデヨ
경주에 ___ 고 싶은데요.

慶州　　に　　行き　　たいのですが

3 映画を見たいのですが。　漢 영화：映画

ヨンファルル　　ポ　ゴ　　シプンデヨ
영화를 ___ 고 싶은데요.

映画　　を　　見　　たいのですが

4 お酒を飲みたいのですが。　◆酒＝술

スルル　　　マシ　ゴ　　シプンデヨ
술을 _____ 고 싶은데요.

お酒　を　　飲み　　たいのですが

5 参鶏湯を食べたいのですが。　漢 삼계탕：参鶏湯

サムゲタンウル　　モッゥ　コ　　シプンデヨ
삼계탕을 _____ 고 싶은데요.

参鶏湯　　を　　食べ　　たいのですが

6 10時に会いたいのですが。　漢 시：時

ヨルシエ　　マンナ　ゴ　　　シプンデヨ
10시에 만나 _____.

10時　に　　会い　　たいのですが

答え　**1** 예약하　　**2** 가　　**3** 보
　　　4 마시　　**5** 먹　　**6** 고 싶은데요

第3課　部屋はありますか？ 音声76

パンイ　　イッソヨ
방이 있어요?

部屋　が　　　ありますか

第4章の第7課（P106）で学んだ事物や人の有無を表す「있다：ある（イッタ）（いる）」「없다：ない（いない）（オプタ）」を使って文を作ってみましょう。「名詞가(이)（ガ イ） 있어요（イッソヨ）／없어요（オプソヨ）」で、「～があります（います）／～がありません（いません）」になります。文の最後に「？」をつけて文末を上げて言うと「ありますか？／ありませんか？」という疑問文になります。「ありました／ありませんでした」と過去を表す場合には、過去形を表す「–었（オッ）」をつけて「있었어요（ありました）（イッソッソヨ）」「없었어요（ありませんでした）（オプソッソヨ）」の形にします。

＊ 会話のときは助詞の「가（이）（ガ イ）」を省略しても通じます。

バリエーション単語

シングル シングル **싱글** 外 싱글：single	ツイン トゥウィン **트윈** 外 트윈：twin	ダブル トブル **더블** 外 더블：double
オンドル部屋 オンドルバン **온돌방** 漢 온돌방：温突房	浴槽 ヨクチョ **욕조** 漢 욕조：浴槽	シャワー施設 シャウォ　シソル **샤워 시설** 外 샤워：shower 漢 시설：施設
インターネット設備 イントォネッ　ソルビ **인터넷 설비** 外 인터넷：internet 漢 설비：設備	ルームサービス ルム　ソビス **룸 서비스** 外 룸 서비스：room service	セーフティーボックス セイプティ　バックッス **세이프티 박스** 外 세이프티 박스：safety box

＊ 韓国語では事柄について何の情報もない状態で尋ねるときは、助詞の「が」である「–가（–이）（ガ イ）」を使います。そのため「방이 있어요?（部屋がありますか？）（バンイ イッソヨ）」としています。

おさらい 単語を使って文を完成させましょう。

1 オンドル部屋はありますか？

オンドルパンイ　　　イッソヨ
_____ **이 있어요?**
　オンドル部屋　　が　　ありますか

2 インターネット設備がありません。

イントォネッ　　ソルビガ　　　　オプソヨ
인터넷 설비가 _____.
インターネット　　設備　　が　　　ありません

3 教室に生徒が30人います。 漢 教室：教室　学生：学生　名：名

キョシレ　　ハクセンイ　サムシムミョン　　　イッソヨ
교실에 학생이 30명 _____.
　教室　　に　　生徒　　が　　30名　　　　います

4 部屋に荷物がありました。

パンエ　　チミ　　　イッソッソヨ
방에 짐이 _____.
部屋　に　荷物　が　　ありました

5 オプションサービスはありますか？ 外 옵션 서비스：option service

オプション　　　ソビスガ　　　　　イッソヨ
옵션 서비스가 _____?
　オプションサービス　　が　　　ありますか

6 連絡はありませんでした。 漢 連絡：連絡

ヨルラグン　　　オプソッソヨ
연락은 _____.
　連絡　　は　　ありませんでした

答え **1** 온돌방　　**2** 없어요　　**3** 있어요

　　　　4 있었어요　　**5** 있어요　　**6** 없었어요

第5章 入れ替えフレーズ

第4課　ホテルの部屋は広いです。

外 호텔：hotel

ホテル　　パンウン　　ノルボヨ

호텔 방은 넓어요.

ホテル（の）　部屋　は　　広いです

第1課（P122）では動詞の「～ます」を使って文を作りました。ここで
は形容詞の「～です」文について学びます。文の作り方はこれまで学習し
たように、語幹の最後の母音が「ㅏ, ㅑ, ㅗ」の場合は「-아요」を、それ
以外の場合は「-어요」をつけ、過去形にする場合は「-았어요/-었어요」
をつければよいのですが、形容詞は変則活用をするものが多くあります。
ここでは、ひとまず、変化した形をそのまま覚えてしまいましょう。くわ
しくは巻末の資料（P142～143）を確認してください。

「-아요／-어요」「-았어요／-었어요」を使った表現

（価格が）高い ピッサダ **비싸다**	安い サダ **싸다**	大きい クダ **크다**＊
高いです ピッサヨ **비싸요** 　高かったです ピッサッソヨ **비쌌어요**	安いです サヨ **싸요** 　安かったです サッソヨ **쌌어요**	大きいです コヨ **커요** 　大きかったです コッソヨ **컸어요**
小さい チャクタ **작다**	多い マンタ **많다**	少ない チョクタ **적다**
小さいです チャガヨ **작아요** 　小さかったです チャガッソヨ **작았어요**	多いです マナヨ **많아요** 　多かったです マナッソヨ **많았어요**	少ないです チョゴ **적어요** 　少なかったです チョゴッソヨ **적었어요**
暖かい タットゥッタダ **따뜻하다**	辛い メプタ **맵다**＊	遠い モルダ **멀다**＊
暖かいです タットゥッテヨ **따뜻해요** 　暖かかったです タットゥッテッソヨ **따뜻했어요**	辛いです メウォヨ **매워요** 　辛かったです メウォッソヨ **매웠어요**	遠いです モロヨ **멀어요** 　遠かったです モロッソヨ **멀었어요**

＊ 変則用言（P142～143参照）。

1 部屋は狭いです。 ◆ 狭い＝좁다

パンウン　　　　チョバヨ
방은 _____.
部屋　は　　　　狭いです

2 映画館は人が多かったです。 漢 극장：劇場

クッチャンウン　　サラミ　　　　マナッソヨ
극장은 사람이 _____.
劇場　は　　　人　が　　多かったです

＊韓国語では映画館のことを「극장
（劇場）」とよく言います。しかし
「영화관（映画館）」と言ってもまった
く通じないわけではありません。

3 この食べ物は辛いですか？ 漢 음식：飲食

イ　　ウムシグン　　　メウォヨ
이 음식은 _____?
この　飲食　は　　辛いですか

4 駅まで遠いですか？ 漢 역：駅

ヨックッカジ　　モロヨ
역까지 _____?
駅　まで　　遠いですか

5 オンドル部屋は暖かいです。 漢 온돌방：温突房

オンドルパンウン　　タットゥッテヨ
온돌방은 _____.
オンドル部屋　は　　暖かいです

6 この服は大きいです。

イ　オスン　　　コヨ
이 옷은 _____.
この　服　は　　大きいです

答え **1** 좁아요　**2** 많았어요　**3** 매워요
4 멀어요　**5** 따뜻해요　**6** 커요

第**5**章 入れ替えフレーズ

129

漢 박：泊

イルバク　シボ　マ　ヌォニエヨ
일박 십오 만 원이에요.

| 1 | 泊 | 15 | 万 | ウォン | です |

ここでは第2章（P72）で学習した金額の言い方や、時間の言い方を復習しましょう。

金額を表すときは漢数詞を使います。また、時間を表すときは、「固有数詞＋시（時）＋漢数詞＋분（分）」の形になります。

시（時）、개（個）など助数詞がつくと、固有数詞の1〜4は次のように変わるので注意しましょう。

ハナ　　ハン　トゥル　トゥ　セッ　セ　ネッ　ネ
하나 → 한　둘 → 두　셋 → 세　넷 → 네

ハン　シ　トゥ　シ　セ　シ　ネ　シ
例：1時：**한 시**　2時：**두 시**　3時：**세 시**　4時：**네 시**

ヨラン　シ　ヨルトゥ　シ
　　11時：**열한 시**　12時：**열두 시**

応用単語

●漢数詞

1	イル 일	2	イ 이	3	サム 삼	4	サ 사	5	オ 오
6	ユク 육	7	チル 칠	8	パル 팔	9	ク 구	10	シプ 십
百	ペク 백	千	チョン 천	万	マン 만				

●固有数詞

1	ハナ 하나	2	トゥル 둘	3	セッ 셋	4	ネッ 넷	5	タソッ 다섯
6	ヨソッ 여섯	7	イルゴプ 일곱	8	ヨドル 여덟	9	アホプ 아홉	10	ヨル 열
11	ヨラナ 열하나	12	ヨルトゥル 열둘						

1 1泊23万ウォンです。

イルバク　　　　イシプサム　　　マ　　　ヌォニエヨ
일박 ＿＿＿＿＿＿ **만 원이에요.**

1　泊　　　23　　　万　ウォン　です

2 2泊16万ウォンです。 ＊読むときは発音に注意

イバク　　　　シュムニュン　　　マ　　　ヌォニエヨ
이박 ＿＿＿＿＿＿ **만 원이에요.**

2　泊　　　16　　　万　ウォン　です

3 韓定食1人分7万5000ウォンです。 漢 한정식：韓定食

ハンヂョンシク　イリンブン　チル　マン　オ　チョ　　　　ヌォニエヨ
한정식 일인분 ＿＿ ＿＿ ＿＿ ＿＿ **원이에요.**

韓定食　1　人分　7　万　5　千　ウォン　です

4 午後1時 漢 오후：午後

オフ　ハン　シ
오후 ＿＿ ＿＿

午後　1　時

5 午前3時 漢 오전：午前

オヂョン　セ　シ
오전 ＿＿ ＿＿

午前　3　時

6 4時半 漢 반：半

ネ　シ　パン
＿＿ ＿＿ **반**

4　時　半

7 6時30分

ヨソッ　シ　サムシプ　ブン
＿＿ ＿＿ ＿＿ ＿＿

6　時　30　分

8 12時50分

ヨルトゥ　シ　オシプ　ブン
＿＿ ＿＿ ＿＿ ＿＿

12　時　50　分

答え **1** 이십삼　**2** 십육　**3** 칠만 오천　**4** 한 시　**5** 세 시
6 네 시　**7** 여섯 시 삼십 분　**8** 열두 시 오십 분

第**5**章　入れ替えフレーズ

第6課 プルコギを2人分ください。

音声 82

漢 인분：人分

プルゴギルル	イインブン	ヂュセヨ
불고기를	**이인분**	**주세요.**
プルコギ　　を	2　人　分	ください

第4章の第13課（P118）で学んだ「〜をください」と、物をくれるように依頼する表現を使って文を作ってみましょう。「〜をください」は「名詞를(을) 주세요（ルル ウル ヂュセヨ）」で表します。

また、これと同じように「〜をお願いします」と依頼する表現もあります。これは「名詞를(을) 부탁해요（ルル ウル ブタッケヨ）」で表します。

＊会話のときは助詞の「를(을)（ルル ウル）」を省略しても通じます。

バリエーション単語

韓定食	皿	コップ
ハンヂョンシク	チョプシ	コプ
한정식	**접시**	**컵**
漢 한정식：韓定食		外 컵：cup

マッコリ	日本語メニュー	領収証
マッコルリ	イルボノ　　メニュ	ヨンスヂュン
막걸리	**일본어 메뉴**	**영수증**
	漢 일본어：日本語　外 메뉴：menu	漢 영수증：領収証

クリーニング	案内	オプションサービス
クルリニン	アンネ	オプション　　ソビス
클리닝	**안내**	**옵션 서비스**
外 클리닝：cleaning	漢 안내：案内	外 옵션 서비스：option service

おさらい 単語を使って文を完成させましょう。 音声 83

1 韓定食を 3 人分ください。

ハンヂョンシグル　　　　　サミンブン　　チュセヨ

＿＿＿＿＿＿＿ ＿＿ **삼인분 주세요.**

韓定食　　　を　　3　人　分　　　ください

2 皿を 1 枚ください。　漢 장：張

チョプシルル　　　　　ハン　ヂャン　チュセヨ

＿＿＿＿＿＿＿ ＿＿ **한 장 주세요.**

皿　　　　を　　　1　枚　　ください

3 領収証をください。

ヨンスヂュンウル　　　　　　チュセヨ

＿＿＿＿＿＿＿ ＿＿ **주세요.**

領収証　　　を　　　ください

4 通訳案内をお願いします。　漢 통역：通訳　　부탁하다：付託ー

トンヨク　　　　　アンネルル　　　　　　プタッケヨ

통역 ＿＿＿＿＿＿＿ ＿＿ **부탁해요.**

通訳　　　　案内　　　を　　　お願いします

5 クリーニングをお願いします。

クルリニンウル　　　　　　プタッケヨ

＿＿＿＿＿＿＿ ＿＿ **부탁해요.**

クリーニング　　　を　　　お願いします

6 地下鉄の駅までお願いします。　漢 지하철역：地下鉄駅

チハチョルリョックッカヂ　　　　　プタッケヨ

지하철역까지 ＿＿＿＿＿＿＿ **.**

地下鉄駅　　　まで　　お願いします

答え 　1 한정식을　　2 접시를　　3 영수증을

　　　　　4 안내를　　　5 클리닝을　　6 부탁해요

第**5**章 入れ替えフレーズ

第7課　会計をしてください。

漢 計算する：計算―

ケサネ　　　　　　チュセヨ
계산해 주세요.

計算して　　　　　　ください

第6課（P132）では名詞を使って「〜をください」と依頼する文を作りましたが、ここでは「〜してください」と動作を依頼する表現について見ていきます。「用言＋−아／−어 주세요」を使い、単語を入れ替えて文を作ってみましょう。文の作り方は、用言の語幹の最後の母音が「ㅏ，ㅑ，ㅗ」の場合は「−아 주세요」を、それ以外の場合は「−어 주세요」をつけます。「하다用言」の場合は「해 주세요」の形になります。

「−아 주세요／−어 주세요」を使った表現

行く　カダ **가다** 行ってください カ　チュセヨ **가 주세요**	来る　オダ **오다** 来てください ワ　チュセヨ **와 주세요**	探す　チャッタ **찾다** 探してください チャヂャ　チュセヨ **찾아 주세요**
連れて行く　テリョガダ **데려가다** 連れて行ってください テリョガ　チュセヨ **데려가 주세요**	見せる　ボイダ **보이다** 見せてください ボヨ　チュセヨ **보여 주세요**	撮る　チクタ **찍다** 撮ってください チゴ　チュセヨ **찍어 주세요**
書く　スダ **쓰다*** 書いてください ソ　チュセヨ **써 주세요**	説明する　ソルミョンハダ **설명하다** 説明してください ソルミョンヘ　チュセヨ **설명해 주세요**	伝える　チョナダ **전하다** 伝えてください チョネ　チュセヨ **전해 주세요**

* 変則用言（P142〜143参照）。

134

1 空港まで行ってください。　漢 공항：空港

コンハンッカヂ　　　カ　　　チュセヨ
공항까지 ＿＿＿＿＿ ＿＿＿＿＿＿＿．
空港　　まで　　行って　　ください

2 地図を見せてください。　漢 지도：地図

チドルル　　　ボヨ　　　チュセヨ
지도를 ＿＿＿＿＿ ＿＿＿＿＿＿＿．
地図　　を　　見せて　　ください

3 写真を撮ってください。　漢 사진：写真

サヂヌル　　　チゴ　　　チュセヨ
사진을 ＿＿＿＿＿ ＿＿＿＿＿＿＿．
写真　　を　　撮って　　ください

4 日本語で書いてください。　漢 일본어：日本語

イルボノロ　　　ソ　　　チュセヨ
일본어로 ＿＿＿＿＿ ＿＿＿＿＿＿＿．
日本語　　で　　書いて　　ください

5 ゆっくり説明してください。

チョンチョニ　ソルミョンヘ　　　チュセヨ
천천히 ＿＿＿＿＿ ＿＿＿＿＿＿＿．
ゆっくり　　説明して　　ください

6 友達に伝えてください。　漢 친구：親旧

チングエゲ　　　チョネ　　　チュセヨ
친구에게 ＿＿＿＿＿ ＿＿＿＿＿＿＿．
友達　　に　　伝えて　　ください

答え　**1** 가 주세요　**2** 보여 주세요　**3** 찍어 주세요
　　　4 써 주세요　**5** 설명해 주세요　**6** 전해 주세요

漢 면세점：免税店

ミョンセヂョミ　　　　　オディイェヨ
면세점이 어디예요?

免税店　　　が　　　どこ　　ですか

第３章（P92）でも紹介した、目的の場所を尋ねる表現です。単語を入れ替えて文を作ってみましょう。「**어디예요?**」を「**어디에 있어요?**」に替えると「どこにありますか？」という尋ね方になります。韓国語では最初に、「〜はどこですか？（どこにありますか？）」と問いかけるときは、「〜がどこですか？（どこにありますか？）」という言い方（P98 参照）をします。

＊会話のときは助詞の「**가（이）**」を省略しても通じます。

バリエーション単語

地下鉄駅
チハチョルリョク
지하철역
漢 지하철역：地下鉄駅

タクシー乗り場
テクシ　タヌン　ゴッ
택시 타는 곳
外 택시：taxi

バス停
ポス　チョンニュヂャン
버스 정류장
外 버스：bus　漢 정류장：停留場

観光案内所
クヮングヮンアンネソ
관광안내소
漢 관광안내소：観光案内所

切符売り場
メピョソ
매표소
漢 매표소：売票所

銀行
ウネン
은행
漢 은행：銀行

郵便局
ウチェグク
우체국
漢 우체국：郵逓局

交番
パチュルソ
파출소
漢 파출소：派出所

病院
ピョンウォン
병원
漢 병원：病院

1 免税店はどこですか？

<ruby>ミョンセヂョミ</ruby> <ruby>オディイェヨ</ruby>

_____ 이 어디예요?

免税店　が　どこ　ですか

2 タクシー乗り場はどこにありますか？

テクシ　　タヌン　　ゴシ　　オディエ　　　　　イッソヨ

택시 타는 곳이 어디에 _____?

タクシー　乗る　所　が　どこ　に　　ありますか

3 切符売り場はどこですか？

メピョソガ　　　　オディイェヨ

_____ 가 어디예요?

切符売り場　が　どこ　ですか

4 銀行はどこにありますか？

ウネンイ　　　　オディエ　　イッソヨ

_____ 이 어디에 있어요?

銀行　　が　どこ　に　ありますか

5 トイレはどこですか？　漢 화장실：化粧室

ファヂャンシリ　　　オディイェヨ

화장실이 _____ _____?

化粧室　が　　どこ　　ですか

6 交番はどこですか？

パチュルソガ　　　　オディイェヨ

_____ 가 어디예요?

交番　　が　どこ　ですか

答え 　1 면세점　　2 있어요　　3 매표소

　　　　4 은행　　　5 어디예요　6 파출소

漢 면세점：免税店　外 쇼핑하다：shopping—

ミョンセヂョメソ　　　　ショピンハゴ　　　　イッソヨ

면세점에서 쇼핑하고 있어요.

免税店　　　　　で　　　ショッピングして　　　います

「～している」「～しつつある」というように、動作が進行中であることを はっきりと表す表現です。文の作り方は動詞の語幹にそのまま「−고 있다」をつけます。うちとけた感じのていねいな言い方にするときは「있다」を「있어요」にします。この表現は日本語に訳すと「～しています」になります。日本語の場合、例えば「椅子に座っている」のように「座る」という動作が、行われた結果を表す場合があります。しかし、韓国語の「−고 있다」は基本的に動作の進行を表す表現になります。

「−고 있어요」を使った表現

見る　ポダ **보다** 見ています ポゴ　イッソヨ **보고 있어요**	読む　イクタ **읽다** 読んでいます イルコ　イッソヨ **읽고 있어요**	聞く　トゥッタ **듣다*** 聞いています トゥッコ　イッソヨ **듣고 있어요**
食べる　モクタ **먹다** 食べています モクッコ　イッソヨ **먹고 있어요**	飲む　マシダ **마시다** 飲んでいます マシゴ　イッソヨ **마시고 있어요**	使う　スダ **쓰다*** 使っています スゴ　イッソヨ **쓰고 있어요**
遊ぶ　ノルダ **놀다*** 遊んでいます ノルゴ　イッソヨ **놀고 있어요**	勉強する　コンブハダ **공부하다** 勉強しています コンブハゴ　イッソヨ **공부하고 있어요**	見物する　クギョンハダ **구경하다** 見物しています クギョンハゴ　イッソヨ **구경하고 있어요**

＊ 変則用言（P142～143 参照）。

| おさらい | 単語を使って文を完成させましょう。 | 音声89 |

1 雑誌を読んでいます。 漢 잡지：雑誌

チャプッチルル　　イル　コ　イッソヨ
잡지를 ＿＿＿ 고 있어요.
雑誌　を　　読んで　　います

2 友達と一緒に映画を見ています。 漢 친구：親旧　영화：映画

チングワ　ハムケ　ヨンファルル　ボ　ゴ　イッソヨ
친구와 함께 영화를 ＿＿＿ 고 있어요.
友達　と　一緒に　映画　を　見て　います

3 朝食を食べています。

アチムル　モクッ　コ　イッソヨ
아침을 ＿＿＿ 고 있어요.
朝食　を　食べて　います

4 友達とお酒を飲んでいます。

チングワ　スルル　マシ　ゴ　イッソヨ
친구와 술을 ＿＿＿ 고 있어요.
友達　と　酒　を　飲んで　います

5 韓国語を勉強しています。

ハングゴルル　コンブハ　ゴ　イッソヨ
한국어를 ＿＿＿ 고 있어요.
韓国語　を　勉強して　います

6 祭りを見物しています。 漢 축제：祝祭

チュクッチェルル　クギョンハ　ゴ　イッソヨ
축제를 ＿＿＿ 고 있어요.
祭り　を　見物して　います

| 答え | 1 읽 | 2 보 | 3 먹 |
| | 4 마시 | 5 공부하 | 6 구경하 |

カードで支払ってもいいですか？

外 카드 : card

カドゥロ	チブレド	トゥエヨ

카드로 지불해도 돼요?

| カード | で | 支払っても | いいですか |

「〜してもいいですか？」「〜でもいいですか？」など許可を求めるときに使う表現です。文の作り方は、用言の語幹の最後の母音が「ㅏ, ㅑ, ㅗ」(ア, ヤ, オ)の場合は「-아도 돼요?」(アド トゥエヨ)を、それ以外の場合は「-어도 돼요?」(オド トゥエヨ)をつけます。「하다用言」(ハダ)の場合は「-해도 돼요?」(ヘド トゥエヨ)という形になります。「-아도/-어도」(アド/オド)の部分が「〜しても、〜でも」、「돼요(トゥエヨ)(原形は되다(トゥエダ):できる、よい)」の部分が、「いいですか？」と尋ねている部分になります。なお、同様の表現で「〜してもいいです」と承諾を表すこともできますが、この場合は文末を上げないで言います。

「-아도 돼요?(アド トゥエヨ)／-어도 돼요?(オド トゥエヨ)」を使った表現

行く カダ	見る ポダ	試食する モゴ ボダ (食べてみる)
가다	**보다**	**먹어 보다**
行ってもいいですか？	見てもいいですか？	試食してもいいですか？
カド トゥエヨ	ブゥド トゥエヨ	モゴ ブゥド トゥエヨ
가도 돼요?	**봐도 돼요?**	**먹어 봐도 돼요?**

試着する イボ ボダ (着てみる)	遅れる ヌッタ	借りる ピルリダ
입어 보다	**늦다**	**빌리다**
試着してもいいですか？	遅れてもいいですか？	借りてもいいですか？
イボ ブゥド トゥエヨ	ヌヂョド トゥエヨ	ピルリョド トゥエヨ
입어 봐도 돼요?	**늦어도 돼요?**	**빌려도 돼요?**

撮る チクタ	変更する ピョンギョンハダ	辛い メプタ
찍다	**변경하다**	**맵다***
撮ってもいいですか？	変更してもいいですか？ 漢 변경하다:變ー	辛くてもいいですか？
チゴド トゥエヨ	ピョンギョンヘド トゥエヨ	メウォド トゥエヨ
찍어도 돼요?	**변경해도 돼요?**	**매워도 돼요?**

* 変則用言（P142〜143参照）。

1 この本を見てもいいですか？　漢 책：冊

イ　チェグル　　　ブッド　　　　　トゥエヨ
이 책을 ＿＿＿＿ ＿＿＿＿？
この　本　を　　　見ても　　　いいですか

2 写真を撮ってもいいですか？　漢 사진：写真

サヂヌル　　　　チゴド　　　　トゥエヨ
사진을 ＿＿＿＿ ＿＿＿＿？
写真　を　　　撮っても　　　いいですか

3 キムチを試食してもいいですか？

キムチルル　　　モゴ　　　　　ブッド　　　　トゥエヨ
김치를 ＿＿＿＿ ＿＿＿＿ 돼요？
キムチ　を　　　食べて　　　みても　　　いいですか

4 この服を試着してもいいですか？

イ　オスル　　　イボ　　　　ブッド　　　　トゥエヨ
이 옷을 ＿＿＿＿ ＿＿＿＿ 돼요？
この　服　を　　着て　　　みても　　　いいですか

5 予定を変更してもいいですか？　漢 예정：予定

イェヂョンウル　ピョンギョンヘド　トゥエヨ
예정을 ＿＿＿＿ ＿＿＿＿？
予定　を　　　変更しても　　　いいですか

6 メウンタン*、辛くてもいいですか？

＊タラ、ヒラメ、タイ、
イシモチなどの魚を入
れた辛いスープ料理

メウンタン　　　メウォド　　　トゥエヨ
매운탕, ＿＿＿＿ ＿＿＿＿？
メウンタン　　　辛くても　　　いいですか

答え　**1** 봐도 돼요　**2** 찍어도 돼요　**3** 먹어 봐도
4 입어 봐도　**5** 변경해도 돼요　**6** 매워도 돼요

第**5**章 入れ替えフレーズ

変則用言のまとめ

　用言の「〜です、〜ます」文の作り方は、語幹の最後の母音が「ㅏ, ㅑ, ㅗ」（陽母音）なら「-아요」、それ以外（陰母音）なら「-어요」をつけました。ところが変則動詞・変則形容詞の場合は違ってきます。ここで簡単に紹介しておきます。

●ㄹ語幹用言（語幹がㄹパッチムで終わる用言）

特徴　子音語幹（語幹末にパッチムあり）用言だが、母音語幹（語幹末にパッチムなし）用言と同じように扱われる。さらに、後ろに「ㄴ, ㅅ, ㅂ」がくるとパッチムの「ㄹ」が脱落して接続される。
알다（知る）→ 알아요　　걸다（かける）→ 걸어요　ここまでは習ったとおりだが、例えば尊敬形「-세요（パッチムがある子音語幹には「으」を伴って接続）」にすると変わってくる。

알다（知る）　알 ＋ 세요　→　아세요　　　걸다（かける）　걸 ＋ 세요　→　거세요
　　　　　　　母音語幹用言扱いなので「으」を伴わない　　　　　　　　　　母音語幹用言扱いなので「으」を伴わない
　　　　　　　後ろに「ㅅ」がきたので「ㄹ」が脱落　　　　　　　　　　　　後ろに「ㅅ」がきたので「ㄹ」が脱落

●으語幹用言（語幹がㄹ以外の母音の—で終わっているほとんどの用言）

特徴　語幹の直後に「-아／-어」がきたとき、語幹から母音の「—」が落ち、残った子音と「-아／-어」が組み合わさる。どちらと組み合わさるかは、「—」の直前の母音で決まり、直前の母音が「ㅏ, ㅑ, ㅗ」なら「-아」、それ以外ならば「-어」になる。また「쓰다」のように語幹が1文字だけのものは「-어」になる。

아프다（痛い）　　　아프 ＋ 아요　→　아ㅍ ＋ 아요　→　아파요
　　　　　　　　　母音「—」の脱落と子音と後続母音との結合

예쁘다（きれいだ）　예쁘 ＋ 어요　→　예ㅃ ＋ 어요　→　예뻐요
　　　　　　　　　母音「—」の脱落と子音と後続母音との結合

●ㄷ変則（語幹がㄷパッチムで終わっている動詞の一部）

特徴　後ろに母音がくると、パッチム「ㄷ」が「ㄹ」になって接続される。

깨닫다（悟る）　　깨닫 ＋ 아요　→　깨달 ＋아요　→　깨달아요
　　　　　　　　　後ろに母音がきたので「ㄷ」が「ㄹ」に変化

듣다（聞く）　　　듣 ＋ 어요　→　들 ＋ 어요　→　들어요
　　　　　　　　　後ろに母音がきたので「ㄷ」が「ㄹ」に変化

＊後ろに母音がきたときに変化が起きるので尊敬形「-세요」の場合は、「깨달으세요」「들으세요」となる。

●ㅅ変則（語幹がㅅパッチムで終わっている用言の一部）

特徴　後ろに母音がくるとパッチムの「ㅅ」が脱落する。

낫다（治る）　　낫 ＋ 아요　→　나 ＋ 아요　→　나아요
　　　　　　　　後ろに母音がきたので「ㅅ」が脱落

짓다（造る）　　짓 ＋ 어요　→　지 ＋ 어요　→　지어요
　　　　　　　　後ろに母音がきたので「ㅅ」が脱落

142

*パッチムの「ㅅ」が落ちて母音だけとなっても母音の同化や複合は起きない。従って「나아요」は「나요」とはならない。後ろに母音がきたときに変化が起きるので尊敬形「-세요」の場合は「나으세요」「지으세요」となる。

●ㅂ変則 (語幹がㅂパッチムで終わっている用言の一部)

特徴 語幹の直後に「으」がくると、パッチムの「ㅂ」が脱落して、「으」が「우」になる。直後に「-아/-어」がくるとパッチムの「ㅂ」が脱落して、「-아/-어」が「-와/-워」になる。

맵다 (辛い)　　맵 + 으세요 → 매 + 우세요 → 매우세요
　　　　　　　　後ろに「으」がきたので「ㅂ」が脱落、「으」が「우」に変化

돕다 (助ける)　　돕 + 아요 → 도 + 와요 → 도와요
　　　　　　　　後ろに「아」がきたので「ㅂ」が脱落、「아」が「와」に変化

맵다 (辛い)　　맵 + 어요 → 매 + 워요 → 매워요
　　　　　　　　後ろに「어」がきたので「ㅂ」が脱落、「어」が「워」に変化

*「돕다」「곱다」以外の陽母音用言では、「가깝다 (近い)」→「가까와요 → 가까워요」のように「-와요」とならずに、ほとんど「-워요」になる。

●ㅎ変則 (語幹がㅎパッチムで終わっている「좋다」以外のすべての形容詞)

特徴 語幹の直後に「으」がくるとパッチムの「ㅎ」と「으」が脱落する。直後に「-아/-어」がくるとパッチムの「ㅎ」が脱落し、語幹の最後の母音は「ㅐ」になる。最後の母音が「야」の場合は「얘」になる。

그렇다 (そうだ)　　그렇 + 으세요 → 그러 + 세요 → 그러세요
　　　　　　　　後ろに「으」がきたので「ㅎ」と「으」が脱落

노랗다 (黄色い)　　노랗 + 아요 → 노래 + 아요 → 노래요

그렇다 (そうだ)　　그렇 + 어요 → 그래 + 어요 → 그래요
　　　　　　　　後ろに「-아/-어」がきたので、「ㅎ」が脱落し、語幹の母音が「ㅐ」に変化

하얗다 (白い)　　하얗 + 아요 → 하얘 + 아요 → 하얘요
　　　　　　　　語幹の最後の母音が「야」で、後ろに「-아」がきたので、「ㅎ」が脱落し、語幹の母音が「얘」に変化

●르変則 (語幹が르で終わっている用言の一部)

特徴 語幹部分の「르」の直前の母音が「ㅏ, ㅑ, ㅗ」なら「-아」、それ以外なら「-어」を伴って接続され、語幹の直後に「-아」がくると「르」が「ㄹ라」、「-어」がくると「ㄹ러」となる。

모르다 (知らない)　　모르 + 아요 → 몰라 + 아요 → 몰라요
　　　　　　　　後ろに「아」がきたので「르」が「ㄹ라」に変化

누르다 (押す)　　누르 + 어요 → 눌러 + 어요 → 눌러요
　　　　　　　　後ろに「어」がきたので「르」が「ㄹ러」に変化

*르変則用言のように見える用言のうち、「다다르다 (至る)」「따르다 (従う)」「치르다 (支払う)」は으語幹用言、「누르다 (真っ黄色い)」「푸르다 (青い)」「이르다 (着く)」は、러変則用言である。러変則用言は語幹の直後に「-어」がくると「-어」が「-러」になり、前述の用言はそれぞれ「누르러요」「푸르러요」「이르러요」となる。

著者

中山義幸　なかやま よしゆき

高麗大学校民族文化研究所・韓国語文化研修部修了。韓国語会話学校の教務事務や新聞社での翻訳業務などを行う。1994年、第18回BABEL翻訳奨励賞日韓部門最優秀賞受賞。98年から編集プロダクション「ゴーシュ」で韓国関連の雑誌・書籍の編集・制作に携わる。2003年からゴーシュの関連団体である韓日交流センターの活動に参加し、語学教育にかかわる活動に従事。
〈著書〉『韓国人がよく使う　スラング・口語表現』(アルク)
ゴーシュ　ホームページ　http://www.gauche.co.jp/

編集　㈱エディポック
DTP　㈱エディポック、㈱ロガータ
本文校正・協力　山崎玲美奈、市吉則浩、河吹黙(韓日交流センター)、朴信映(ゴーシュ)
本文イラスト　佐藤朋恵
ナレーション　韓国語　李泓馥、崔英伊
　　　　　　　日本語　水月優希
録音　(一財)英語教育協議会(ELEC)

聴ける！読める！書ける！話せる！

韓国語 初歩の初歩 音声DL版

著　者　中山義幸
発行者　高橋秀雄
発行所　**株式会社 高橋書店**
　　　　〒170-6014 東京都豊島区東池袋3-1-1 サンシャイン60 14階
　　　　電話　03-5957-7103
ISBN978-4-471-11452-7　©TAKAHASHI SHOTEN　Printed in Japan

本書の内容についてのご質問は「書名、質問事項(ページ、内容)、お客様のご連絡先」を明記のうえ、郵送、FAX、ホームページお問い合わせフォームから小社へお送りください。
回答にはお時間をいただく場合がございます。また、電話によるお問い合わせ、本書の内容を超えたご質問にはお答えできませんので、ご了承ください。本書に関する正誤等の情報は、小社ホームページもご参照ください。

【内容についての問い合わせ先】
　書　面　〒170-6014 東京都豊島区東池袋3-1-1 サンシャイン60 14階　高橋書店編集部
　FAX　03-5957-7079
　メール　小社ホームページお問い合わせフォームから　(https://www.takahashishoten.co.jp/)
【不良品についての問い合わせ先】
　ページの順序間違い・抜けなど物理的欠陥がございましたら、電話03-5957-7076へお問い合わせください。
　ただし、古書店等で購入・入手された商品の交換には一切応じられません。